雑談が上手い人下手な人

コミュニケーション・アドバイザー
森優子 Yuko Mori

かんき出版

雑談が上手な人は、人生の目的を達成し、夢を実現していきます。
なぜなら雑談が上手い人は、相手の心を動かすからです。
心で雑談をし、心で相手を理解します。
結果、人として愛されていきます。
雑談は、心のキャッチボールなのです。

成功者は言っています。
「雑談力なくして道は開けなかった」と。

人と接していくことにおいて、雑談というものは、自然現象のように発生していきます。
人生の成功者は、出会いを大切にしながら相手から刺激を受け、学び、成長して、夢を実現していったのだといえます。

そして雑談が上手い人は、気がつくと「心友」を持っています。
心友とは字のごとく「心の友」です。
会っていなくてもおたがいを理解し心が通じ合っている、最強の「真の友」です。
最強の真の友は、家族のように純粋なエールと、無償の愛を与えてくれます。

すべてははじめて会ったとき、そう、初対面から始まっているのです。
雑談が上手くなるためには、心のボールを、あなたから投げることです。

あなたも雑談が上手な人になりましょう。
きっと、あなたを成功へと導いてくれるはずです。

「はじめに」

皆さんの周りに、誰とでも自然に話ができて、いつも明るく元気な人はいますか？
「いるいる！」という方は、その人のことを思い起こしてみてください。
きっと、感じがよくて誰からも好かれ、しあわせそうに見えると思います。

「いつ会っても生き生きとしていて、うらやましいな」
「どうしたらあの人のように自然に雑談ができるようになれるのだろう」
「できるものなら自分もそうなりたい」

そう思うことがあるのではないでしょうか。

年長者にも年少者にも、分けへだてなく雑談ができる人はとてもすてきです。
そういう人は、また会いたいと思ってもらえます。

雑談が上手いと、相手との信頼関係が構築され、物事がスムーズに進むようになります。

そして不思議なことに、自分が望む方向へと繋がっていきます。

雑談とはたわいもない話、一見意味のないような話をすることですが、実はその意味のない話（目的がない話）をすることこそ、意味がある（目的に繋がる）のです。

つまり、雑談力は、物事を成功へと導く架け橋だといえます。


では、どうすれば雑談が上手くなるのでしょうか。

ご安心ください！　誰でもカンタンに雑談力を身につけることができます。

なぜなら、雑談は筋肉のようなものだからです。そして雑談力は、筋力です。

筋力はトレーニングでつきますよね？

雑談も同じです。トレーニングをすればするほど上手くなり、力がつくのです。


私はシングルマザーで、生活のためにダブルワークをしてきました。

昼は求人広告会社で企業営業をし、夜は銀座のクラブでホステスとして14年間働きながら、さまざまな業界の成功者、または成功していく姿を見てきました。

その数は昼夜を合わせると、ゆうに1000人は超えていると思います。
そして、そんな「一流」となった人たちには、共通点がありました。
それが雑談力。「雑談が上手い」ということです。

本書では、人生の成功者、いわゆる一流と呼ばれる人たちが持っている特長や雑談のスキルを紹介し、どうやって雑談を始めていくのか、どんな話をすればいいのか。そして、相手から好きになってもらうにはどのような心構えや姿勢でのぞめばいいのかを、実際にあったエピソードを紹介しながらお伝えしたいと思います。

誰だって最初から、雑談が上手いわけではありません。
今のあなたが、話し下手でも不器用でも大丈夫です！
本書で紹介しているテクニックとコツを身につければ、確実に雑談が上手くなります。
さらに、雑談が上手くなるだけでなく、誰からも好かれる人になれます。

ここで、本書の内容をざっとご紹介しましょう。

プロローグでは、雑談の上手い人が持っている特徴のベースとなっている「受けとめる力」について、具体的に説明していきます。人間力ともいえる「受けとめる力」ですが、このことを知っておくと、雑談を自然にスタートさせることができる可能性が格段に高くなります。あわせて、あなた自身の魅力をさらにアップさせることにも繫がるはずです。雑談を始める前の、ウオーミングアップだと思って読んでいただければと思います。

第1章は、雑談の始め方についてです。自ら発する第一声や笑顔があるかないかで、相手が受ける印象は大きく変わります。いかに第一印象が大切かを伝えつつ、10秒で相手によい印象を持ってもらえる方法を、わかりやすく説明していきます。

第2章は、雑談の内容についてです。初対面の場で、上手くあいさつを交わせたのに、いざとなると何をどう話せばいいのかわからなくなってしまった経験は、誰もがあるのではないでしょうか。この章を読めば、そのような心配をしないで雑談ができるようになります。

第3章は、雑談の終わらせ方についてです。相手に失礼にならないように、いつまでも続く話を切りかえたり終わらせることができる方法をお伝えします。これを知っておけば、「困ったな」と悩むこともなく、自然なタイミングで話を切りかえたり終わらせることができるようになります。

第4章と第5章は、雑談をとおして「あなたを好きになってもらう」方法を教えます。「感じがいいな」「また会いたいな」と思ってもらえれば、人として可愛がってもらえるようになります。そしてそれは、信頼関係へと繋がっていきます。

最終章の第6章では、その信頼関係をたしかなものにしていく術《すべ》をお伝えします。ベースは「愛」。強い信頼関係は、仕事や物事の成果に繋がります。あなたを応援したくなるという心理が働くからです。雑談には「相手の心を動かす力」があるのです。

ぜひ本書で紹介するカンタンなテクニックとコツを、一つひとつ身につけてください。きっと、いつの間にか自然に雑談ができるようになり、誰からも好かれていくことでしょう。人生の先輩からは可愛がられ、後輩からは慕われ、信頼されていくことと思います。

ひとりでも多くの人が日常を楽しく過ごせ、仕事や人生の目的を達成し、生きていく原動力に満ちあふれていくことを、心から願っています。

それではさっそく、雑談が上手くなるための扉を開けていきましょう。

プロローグ

雑談が上手い人は、相手のことを受けとめる

第1章

雑談の上手な始め方

第2章

雑談の内容は身近なところから探す

第3章

雑談の上手な切りかえ方と終わらせ方

第4章

相手に気に入ってもらう雑談の仕方

第5章

相手に好きになってもらう雑談の仕方

第6章 相手を落とす雑談の仕方

本文デザイン・DTP／松好那名（matt's work）

プロローグ

雑談が上手い人は、相手のことを受けとめる

雑談以前の基本的な心構えを
知っておくだけで、
雑談力が格段に早く
身につくようになります。

雑談が上手な人は、
いったん全部聞く

雑談の上手い人は、相手の話をそのまま聞きます。
雑談の下手な人は、相手の話をさえぎります。
雑談の上手い人は、どんなときでも話を聞こうとします。
雑談の下手な人は、そのときの気分によって変わります。
雑談の上手い人は、すべての人に耳を傾けようとします。
雑談の下手な人は、人を選んでしまいます。
なぜでしょうか。
雑談の上手い人は、相手を知ることに意識を向けるからです。

聞くという行為は、相手を受け入れることです。
まずは、全部聞いてみる。すると、相手の気持ちや考え方がわかってきます。

雑談が下手な人は、せっかちなので、自分が次に話す内容のことばかり考えます。
または、そのときの気分や相手によっては、話をすぐ否定したくなります。

たとえ自分の思っていることと違っても、最後まで聞いてあげる。
それこそが「受けとめる力」の一つです。

そうはいっても、いつ終わるかわからない話を延々と聞き続けるのは苦痛です。
その場合の対処法は、別の章で触れますので安心してください。
まずは全部聞く、という姿勢が大切だということです。

「あいつはいつも『わかった』と言って、最後まで話を聞かないから本当に困るよ」
あるメーカーの取締役がこぼしていたことがありました。

頭が切れるから冗談も面白く、仕事もそつなくこなすせっかち君は30代。

頭の回転が速い分、理解するのも早いのでしょう。

でも、その「わかった」がとんでもない早とちりで、トラブル寸前になることがよくあるというのです。

彼がクイズ番組に出たら、問題を最後まで聞かずにボタンを押して、思いっきり間違えてしまいそうです。

「彼は本当にもったいない」

その取締役が頭を抱えるのは、無理もありません。

人の話を最後まで聞くことを意識さえすれば、せっかち君は間違いなく、出世街道へと進んでいくはずです。

人は、話を最後まで聞いてくれる人に、安心感と信頼感を抱くものです。

たとえ自慢話だったとしても、最後まで聞いてあげましょう。

「俺はこんなにもすごいんだぞ」「私は大物なのよ」的な自慢でもです。

いくらなんでも、何時間も続くことはないはず。
自分はこんなふうにならないようにしよう、と思いながら聞けばいいのです。
「全部聞く」ことが、聞き上手であることに間違いありません。

雑談上手になるワンポイント

どんな人のどんな話でも、まずはいったん全部聞きましょう。

雑談が上手な人は、

相手の言うことを最初から否定しない

雑談の上手い人は、相手に話しやすくさせます。
雑談の下手な人は、二度と話したくないと思わせます。

雑談の上手い人は、素直です。
雑談の下手な人は、ひねくれています。

雑談の上手い人は、提案をします。
雑談の下手な人は、説教をします。

なぜでしょうか。

雑談の上手い人は、相手の気持ちを第一に考えようとするからです。

前項で「相手の話は、最後まで聞く」ことの大切さを説明しました。

話を聞き終えたとき、雑談の上手い人は、まず同意します。

「そうですね」

「わかります」

たとえ相手の言っていることが自分の考えと違っていても、まずは認めます。


雑談の下手な人は、自分のモノサシを優先するため、すぐに否定します。

例えば、パーティ会場でクラシックがかかっているとします。

「クラシックっていいですよね、心が落ち着きます」

「そうかなぁ、クラシックより、ジャズのほうが断然いいと思いますけど」

初対面で、このように返答されたら、いい印象は受けませんよね？

「そうですね。たしかにクラシックっていいですよね。でも、ジャズも意外といいですよ」

こんなふうに言われれば、クラシックがいいということも共感してもらえたと感じます。感じのいい人だと思われて、音楽の話で盛り上がれるかもしれません。


会場の大きなテーブルに、バラの花束が飾ってあるとします。

「やっぱりバラはきれいですね」

「でも、バラにはトゲがあるからね、あんまり好きじゃないなぁ」

そんなふうにすぐ否定する、あなたのほうがトゲがありそうです。

「わかります。バラって本当にきれいですよね。でも、ユリもきれいですよね」

こんなふうに言えたら、お花の話で、会話に花が咲きそうです。


成長し続けている会社の経営者や取締役、部長クラスの人は、従業員想いです。

定期的に行う面談では雑談を交え、従業員一人ひとりの話をじっくり聞きます。

頭から説教をすることはありません。

まずは同意・肯定してから「こうしてみたらどうかな」と、提案するそうです。

どんな場面のときでも、相手は自分と同じ人間です。
人は、自分の気持ちをわかってくれる人に安心感を覚え、心を開きます。
まずは「イエス」を伝えてあげる。
すると相手は「自分のことを受けとめてもらえた」と、感じるのだと思います。

雑談上手になるワンポイント

最初から否定しないで、相手の話に同意して肯定してあげましょう。

雑談が上手な人は、

相手を楽しくさせる

雑談の上手い人は、好きなお笑い芸人がいます。
雑談の下手な人は、お笑いそのものがピンときません。

雑談の上手い人は、元来の回転寿司が好きです。
雑談の下手な人は、現代の回転寿司で満足します。

雑談の上手い人は、相手ファーストです。
雑談の下手な人は、俺さまのお通りになります。

なぜでしょうか。
雑談の上手い人は、人に喜んでもらうことが好きだからです。
楽しさを共有し、相手が笑顔になることにしあわせを感じます。

私は、さまざまな業界の経営者と雑談するときに、必ず聞くことがあります。

「テレビを見る時間なんて、ないですよね?」

すると、たいていの人が「ある」と答えるのですが、驚いたことにお笑い番組を見ている方が多いのです。しかも、必ずひいきにしている芸人さんがいます。

「スポーツニュースを見た後に、動画共有サイトで今ハマっているお笑いを見てから寝る。疲れが一気にふっ飛ぶからね」

「休みの日に録画しておいたお笑い番組を見て、声を出して笑っているよ」

経済番組やドキュメンタリーではなく、お笑いとは意外でした。

(かくいう私も、お笑い番組の大ファンです)


2016年後半は、動画で世界的な人気を爆発させた「ピコ太郎さん」、2015年は『安心してください。はいてますよ』の「とにかく明るい安村さん」、その前は、『ワイルドだろう~』の「スギちゃん」、『ダメよダメダメ』の「日本エレキテル連合」、がお気に入りだという声をよく聞きました。

やはり、一瞬で笑えるシンプルなネタが人気なようです。

ネタといえば、お寿司屋さん。

お寿司屋さんといえば、今でも鮮明に記憶に残っている人気の職人さんがいます。

その職人さん、最近は見かけなくなりましたが、表参道にある平禄寿司という回転寿司店で、ネタを頼むお客さん相手に、必ず笑いをとって返事をしていました。

「イカお願いします」

「はい、イカね。ま、イッカ」

「いなりずし」

「はい、もうあなたの、いーなり」

「えんがわお願いします」

「はい、縁側で、ひなたぼっこしてね」

ただのダジャレとはいえ、周りにいるお客さんもいっせいに声を出して笑います。

サービス精神に満ちあふれ、ユーモアたっぷりの雑談力ある職人さんでした。

このネタを頼んだらどんなダジャレで応えてくれるのだろうか、それを聞きたくてあえて苦手なネタに挑戦したり、私もずいぶん楽しませてもらいました。

「回転寿司はサービスの勉強になる。大勢いる職人が、手を動かしながらどんなふうにお客さまに返事をするか、どんなふうに仲間でリレーションをとっているか。見ていると面白いよ」

そこに連れていってくれたお客さまが、よく言っていました。

最近では、タッチパネルで自らオーダーする回転寿司が増えていますが、私としては、食べたいネタがなかなかレーンに載ってこないときにこそ味わえる、職人さんとの距離感や、とりそこなって斜め前の人にとられたときの、まるで勝負に負けたかのようなゲーム感覚を味わえる元来のスタイルが好きなのですが……。

人に「笑顔」を与えたい。

人に「気持ちよさ」を与えたい。

日々の生活の中の、ちょっとした場面でも、相手ファーストの目線でいることは、正真正銘、サービス精神があるということになるのだと思います。

雑談上手になるワンポイント

相手が楽しくなるようなことを、考えてみましょう。

雑談が上手な人は、

オープンマインドな姿勢で接する

雑談の上手い人は、いつも心の扉を開けています。
雑談の下手な人は、いつも警戒心というカギをかけています。
雑談の上手い人は、相手に苦手意識を持ちません。
雑談の下手な人は、人の好き嫌いが激しくあります。
雑談の上手い人は、相手と適度な距離を保ちます。
雑談の下手な人は、相手と過度な距離のとり方をします。

なぜでしょうか。
雑談の上手い人は、初対面の相手にも自分をさらけ出すからです。

雑談が上手い人は、「私はこういう人間です」と、ありのままを見せます。

もちろん、相手が不快になるようなさらけ出し方ではありません。

まずは自分自身をオープンにすることで、相手の心が開きやすくなることを知っているのです。


雑談の下手な人は、自ら心を閉じているので、相手の心は開きません。

かたくなにバリアを張ります。

あるいは、強い台風のように急接近してくるときもあります。


最近は、社長室を設けない会社がずいぶん多くなってきました。

同じフロアの端っこにデスクがあったり、場所は隔離されていても、クリアガラスで中が丸見えだったりします。

または、ドアを開けっぱなしにしています。

「会社にいるときしか従業員とのコミュニケーションがとれないからね、いつでも話がしやすいようにしているよ」

そう話す社長を、部下も好意的に見ているようです。

「社長はとにかくオープンな人。僕たちによく声をかけてくれるから、みんな躊躇《ちゅうちょ》なく報告するし相談もする」

もちろん、経営者ですから仕事には厳しい面があります。

それに社長たるもの、本来は近寄りがたい存在であり、黙っているだけならただ怖いだけです。

適度な距離間をつくるために、あえて職場の風通しをよくしているわけですね。

でもそれ以前に、社長たちのマインドが、日頃から誰に対しても常にオープンだということはたしかです。

大人になって社会に出れば、さまざまなタイプの人と関わらなくてはなりません。

すべての人と上手くやっていくことは、とても難しいことです。

雑談の下手な人は、好き嫌いがはっきりしているので、人付き合いに支障が出てしまうことがあるようです。

でも、はじめから苦手意識を持たないようにすれば、かなりの確率で改善することができます。

成功している人を見ていて思うのは、人に対して先入観がないということです。

「もしかしたらこの人、苦手かも」と感じても、その先入観を一度自分の中でなくし、ゼロベースに戻しているのではないかと思うのです。

車に例えれば、スタートする前に、一度ギアをニュートラルにしておくイメージです。

また、「気が合いそうだな」と思ったときも同様です。

一気に加速して距離を近づけるのではなく、まずは心をニュートラルにして、1つずつギアを上げていくのです。

雑談の上手い人は、そうやって相手との距離をコントロールしているわけです。

成功している人の共通点の一つに、物おじしないオーラのようなものがあります。

それは、態度ではなく、心の大きさです。

両手を広げて、すべてを受けとめてくれるような、オープンなマインドです。
ぶれない自分を持っているからこその「ニュートラルな姿勢」がオーラとなって、人を惹きつけているのだと感じます。

雑談上手になるワンポイント

思いきって、心をオープンにしてみましょう。

雑談が上手な人は、

客観的に物事をとらえる

雑談の上手い人は、物事を長いスパンで考えます。
雑談の下手な人は、すぐあきらめます。
雑談の上手い人は、自分にも責任はあると考えます。
雑談の下手な人は、人のせいにします。
雑談の上手い人は、遊びも本気でします。
雑談の下手な人は、遊びが成功に繋がることを知りません。
なぜでしょうか。
雑談の上手い人は、物事を総合的に見ようとするからです。

成功している人は、とにかく毎日やることだらけです。

それゆえ、無理な計画は立てないのです。

その代わり、着実に確実に実現していきます。

例えば、英会話ができるようになりたいと思ったら、成功者は普通、5年くらいの計画を立てます。


雑談の下手な人は、物事を短期的に考えるので、3カ月も経たないうちに「英会話は自分に合わない、やーめた」とあきらめます。

すると、何事も中途半端で終わってしまいます。

そして何かトラブルが起きたとき、総合的に判断しないので、すぐ人のせいにします。


ある建築業界の社長の話に、私は強く共感したことがあります。

「リーダーに必要なのは、客観的に物事をとらえられるかどうかにつきる。人を引っ張っていく資質は大切だけど、主観的じゃいけない。問題が起きたとき、周りの声にしっかり耳を傾け、原因はどこにあったのか、自分にも責任はないか。総合的に見てから解決策を考えていく意識が大切」


さすが、建設的です。

信頼され成功していく人というのは、誰に対しても頭ごなしに責めたりはしません。

これはビジネスマンに限らず、チームワークを要するスポーツや演劇の世界でも同様です。友人関係やママ友、親子間でも同じです。


出来事全体を把握してから判断するので、説得力があります。

それゆえ、気持ちがいいほど瞬時に、解決に向かいます。

要は、心に余裕があるのですね。

余裕があるから、物事を冷静に客観的にとらえることができるのです。


では、どうして心に余裕があるのでしょうか。

それは、ずばり「遊ぶときも本気」だからです。

仕事も遊びも本気の人は、間違いなく成功します。

本気ということは、真剣だということです。

平日と休日に差がないというか、それはもう毎日を全力投球しています。お酒が飲めなくてもバーに行くし、上手に踊れなくたってクラブに行きます。カウンターでバーテンダーと話し、お客さん同士で仲良くなることもあります。懐かしい曲を聞き、めちゃくちゃなダンスをし、明日へのエネルギーをチャージします。

どれも真剣です。

大人になってからの遊びには、さまざまな学びが隠されています。これらは決して、学校や職場では教えてくれません。

明るい人暗い人、声の大きい人小さい人、うるさい人静かな人、気品ある人下品な人など、さまざまなタイプの人と出会うため、年代問わずのコミュニケーション力がついてきます。すると、社交性と柔軟性に長《た》けていきます。

仕事に繋がる出会いをも、引き寄せることがあります。

羽目を外さないようにする節度も身につきます。
もう、いいことずくめです。

結果、どんな場所やシーンにおいても動じない自信がつきます。
その自信が、心に余裕を与えるのです。
そして、物事を客観的にとらえることができるというわけです。

雑談上手になるワンポイント

本気で遊びましょう。特に独身者は時間があるので、大いに遊んでほしいものです。

第 1 章

雑談の
上手な始め方

何事にも準備は大切。
雑談にも「よい第一印象」を与える準備が
必要です。

雑談が上手な人は、

10秒で相手を見抜いて印象づける

雑談の上手い人は、初対面でも自然に雑談を始めていきます。
雑談の下手な人は、初対面だと不自然に雑談が始まります。

雑談の上手い人は、第一印象は誰からも合格点をもらえます。
雑談の下手な人は、第一印象の大切さをわかっていません。

雑談の上手い人は、相手への自分の見せ方をわかっています。
雑談の下手な人は、自分の見せ方を考えていません。

なぜでしょうか。
雑談の上手い人は、雑談をするにあたっての準備ができているからです。
雑談の下手な人は、この準備が不十分なのです。

徒競走でいえば、「位置について、よーい、ドン」の「位置について、よーい」の部分。

これが上手くいかないと、先走ってフライングになるか、出遅れてしまいます。


雑談も同じです。

ちょっとした準備ができているかどうか。

それによって、雑談の自然なスタートがきれるかどうかが変わってきます。


ちょっとした準備とはどんなことでしょうか。

それは「よい第一印象を相手に与えること」です。

今まで出会ってきた経営者の多くは、同じことを言っていました。

「僕は、10秒で人を見抜くよ」

30代、40代で、組織から独立して会社を立ち上げた社長たち。

成功に至るまで苦労をしつつ、実に多くの一流と呼ばれる人たちと関わってきていますす。

それゆえ、瞬時で人を見抜く目があるわけです。

ではいったい、10秒で何を見るのでしょうか。

「それはね、会った瞬間に気持ちのよいあいさつをするかどうか。目はどこを見ているか、こちらの話を聞こうとしているかどうか。これらは10秒もあればわかる」

いわゆるファーストインプレッションですね。

社長たちいわく、この第一印象こそが人間性を予想させる糸口になる。そしてそれはたいてい当たっている、のだそうです。

10秒とは恐ろしいですね。

いかに第一印象が大切かということです。

ではどうしたら、たった10秒で「よい第一印象を相手に与える」ことができるのでしょうか。

大丈夫です。
この章に書いてあることを実践していけば、第一印象はとてもよくなるはずです。

雑談上手になるワンポイント

第一印象の大切さを、しっかり心得ておきましょう。

雑談が上手な人は、

ひと言そえて自分からあいさつする

雑談の上手い人は、会った瞬間からよい空気をつくります。
雑談の下手な人は、会った瞬間から相手に空気をつくってもらおうとします。

雑談の上手い人は、目と目が合ったらすぐに声を発します。
雑談の下手な人は、目と目が合っても相手からの声かけを待ちます。

雑談の上手い人は、大きめの声で自分から元気にあいさつをします。
雑談の下手な人は、小さめの声であいさつのオウム返しをします。

なぜでしょうか。
雑談の上手い人は、目が合う瞬間を逃さないからです。

雑談の上手い人は、これから話をする（またはしたいと思う）相手の姿が視界に入ってきた時点からその人に集中し、第一声を発するとき（目が合う瞬間）を待ちます。その瞬間が来たら「おはようございます！」「こんにちは！」と、元気にあいさつをします。

雑談の下手な人は、目が合う瞬間をあえて逃します。

相手が近づいて来たことがわかっていても、気づかないふりをして違う方向を見たりします。結果、相手から声をかけてもらいます。

そして、蚊の鳴くような声で「おはよう」「こんにちは」を返します。

雑談の上手い人は、あいさつにひと言を加えます。

「おはようございます。はじめまして」

「おはようございます。すがすがしい朝ですね」

「こんにちは。今日も花粉がすごいですね」

初対面だとわかっていても、はじめまして、と付け加えます。

誰が見ても気持ちのいい朝だとわかっていても、すがすがしい朝ですね、と付け加えます。花粉がすごかったことなんて、ニュースでも見ているし、そんなことは百も承知でしょうけど、あえて付け加えます。

ひと言そえて、相手が言葉を返しやすいようにするのです。

すると、こんなふうに言葉が返ってきたりします。

「こちらこそ、はじめまして」

「おはようございます。本当ですね、気持ちがいい朝ですね」

「こんにちは。花粉症の私には今日も辛い1日となりそうです」

雑談の下手な人は、「おはよう」「こんにちは」だけで終わります。

それはそれで、明るくあいさつをしていれば悪くはないのですが、いたって普通です。

少なくとも、雑談の上手い人のように会話が続く可能性は低くなります。

銀座時代のお客さまから聞いたすてきな話があります。

「僕が30代後半のとき、売上が赤字続きの営業所を任されることになってね。あのときは必死だった。何しろ5人いる20代の営業マンは全員口下手でまったく活気がない。これではいい印象を受けるはずがない。それを半年で黒字にしたんだよ」

機械メーカーに勤めていたときの話で、とにかく毎日5人を商店街へ引っ張り出して1軒1軒声をかけていったというのです。

「おはようございます。最近近くに赴任して来たので、ちょっと社会見学でもと思って」
「こんにちは、このお店はいつ頃からあるの？」
「こんにちは、このお店の人気メニューは？」

まずは所長自らお手本を見せることから始めたわけです。

5人は出社するとすぐにあいさつをし合うようになり、数週間後には完全個別行動で、花屋や八百屋、電器店などを回り、すっかり商店街の顔なじみになったそうです。

「名刺は渡さない。とにかく自分から元気にあいさつをし、ひと言そえる練習をさせただけ。なんでもいいからひと言加えると、相手の印象に残るものなんだよ」

その後、5人は積極的にクライアントを訪問するようになりました。

売上も半年で黒字になり、それを数年間継続した実績から、その人はヘッドハンティングされて大手グループ会社の社長に就任。

このとき、売れる営業マンとなった5人全員が「所長が辞めるなら僕たちも辞める」と、大変な騒ぎになったそうです。


そしてこの話にはもう一つ大切なポイントが潜んでいます。

雑談の上手い人は、適度にフランクだということです。

「おはようございます」「こんにちは」という、礼儀正しいあいさつをしつつ、

「ちょっと社会見学でもと思って」

「このお店はいつ頃からあるの？」と、少し砕けたひと言を加えることで堅苦しさを感じさせないようにしているのです。

雑談の下手な人は、最後までカチンコチンです。

「社会見学に来ました」

「このお店はいつ頃からあるのでしょうか」

なんだか堅苦しいイメージです。

または、フランクすぎると、馴れ馴れしい印象を与えます。

「おはよーござーっす」「こんちはー」

初対面でこれはいけません。

くれぐれも、極端にならないように。

ポイントは、第一声は自分からです。

雑談上手になるワンポイント

「丁寧なあいさつ」と「フランクに感じるひと言をそえる」ことを意識しましょう。

雑談が上手な人は、

笑顔で自分から進んで話しかける

雑談の上手い人は、心からの笑顔が自然に出ます。
雑談の下手な人は、つくり笑顔が不自然に出ます。

雑談の上手い人は、目と目が合う前から口角を上げています。
雑談の下手な人は、目と目が合う前は口元が「への字」になっています。

雑談の上手い人は、目と目が合った瞬間に歯を見せて笑顔になります。
雑談の下手な人は、目と目が合った瞬間に口元が「一文字」になります。

なぜでしょうか。

雑談の上手い人は、これから話をする（またはしたいと思う）相手の姿が視界に入った時点から口角を上げているからです。

口角が上がっているということは、すでに軽く微笑んでいるということ。

誰もが知っている、丸くて黄色いキャラクター「スマイル（ニコちゃんマーク）」。

あのイメージです。

だから、目と目が合った瞬間に、心から自然に歯を見せた笑顔になれるのです。


雑談の下手な人は、笑うとき口元が「への字」から「一文字」を経由するため、ニコちゃんマークになるまでに時間がかかります。

そして、目が合ったにもかかわらず、口元がやっと「一文字」になったばかりなので、変な筋肉が動いて、不自然な笑顔になってしまうわけです。

結果、不愛想な第一印象を与えてしまいます。


人の本能は、暗闇よりも明るい光のほうへ向かおうとします。

青空に輝く太陽のように、キラキラした笑顔のところへ行きたくなるのです。


面白い話があります。

医療業界に特化したコンサルタント業をしている社長とその部下とともに、あるイベントに参加したときのことです。

その社長は、かなり濃い顔をしています。眉毛も太く、体型もガッチリしていて、どちらかというと強面《こわもて》かもしれません。

でも、いつもニコニコしています。

一方の部下は、薄い顔をしています。細身で優しそうですが無表情です。

主催者のあいさつが終わり、社長が話をしてみたいと思った人のところへ直進し始めたとき、「ちょっと待った！」と言わんばかりに、斜め前方から別のビジネスマンが口角をかなり上げながら近づいてきました。

そして満面の笑みで社長にあいさつをし、あっという間に雑談タイムになったのです。

しばらくの間、社長の周りは、社長と話したい人であふれていましたが、ひととおり落ち着いた頃、社長はタイミングを見計らって最初に話してみたいと思った人のところへ行きました。そして、孤独をカモフラージュするためにビュッフェの料理をずっと相手にしていた部下を呼び、3人で雑談タイムとなりました。

雑談の上手い人は、すばやく同士を見つけます。

では、なぜこの社長に人が集まって来るのでしょうか。

「僕みたいな濃い顔立ちは、24時間ニコニコしていないと誰も近づいてくれないからね」

そう謙遜する社長ですが、悩んだ時期もあったようです。

「昔しょうゆ顔っていうのが流行ったでしょう。どう見たって自分は中濃どころか濃厚ソース顔。どうしたら相手によい印象を持ってもらえるのか、ずいぶん考えた。毎日洗面所の鏡に向かって研究もした。結果、最大限に口角を上げれば笑顔に見えることがわかってね、今にいたるってわけ」

そういえば、上手くいっている会社で、ニコニコしていない社長をいまだに見たことがありません。

真剣な話をしているときも、不思議と瞳は微笑んでいます。

口角を上げると、自動的に目も笑っているようになります。

ぜひ、皆さんもやってみてください。

口角を上げて、目が怒っているようになるなんてことは、まずないと思います。あるとしたら、相当至難の業です。

鏡で研究をしていた社長の姿を想像すると、思わず吹き出しそうになりますが（笑）、そうやって「自分の見せ方」について、努力をしてきたわけですね。

笑顔には、どんな人をも引き寄せる、奇跡的なエネルギーがあります。

ニコニコしている人に、不快感を抱く人はまずいません。

雑談上手になるワンポイント

相手によい第一印象を与えるポイントは「丁寧なあいさつ」＋「フランクに感じるひと言をそえる」でしたが、それに「笑顔」をプラスしましょう。

雑談が上手な人は、

話しかけても大丈夫か相手を気にかける

雑談の上手い人は、空気を読みます。
雑談の下手な人は、ＫＹです。

雑談の上手い人は、気が利きます。
雑談の下手な人は、ボーっとします。

雑談の上手い人は、待ちます。
雑談の下手な人は、猪突猛進します。

なぜでしょうか。
雑談の上手い人は、相手の様子に集中するからです。
声をかける前に、話をしても大丈夫かどうか状況を見極めます。

仕事上の集まりに限らず、プライベートな飲み会の場においても、足早に動いていたり、携帯を握りしめていたら「今は話しかけないで」というサインかもしれません。

そんなときこちらに気づいていなければ、そっと離れて様子を見ましょう。

もし目が合ったなら、会釈だけして「お忙しそうなので、また後でお声をかけます」と言っておきます。

こうしておけば相手からは、気が利く人だなと思ってもらえます。場合によっては、「先ほどは失礼しました」と相手から声をかけてもらえるかもしれません。


雑談の下手な人は、その場の空気を読まないため、普通に近づきます。

相手が忙しそうにしていてもおかまいなしです。

ボーっとしているので、すぐに声をかけます。

結果、空気が読めないＫＹな人、というレッテルを貼られます。

そして雑談の下手な人はせっかちなので、待つことができません。

例えばパーティ会場などで「今は忙しいから、後ほどこちらから声をかけますね」と言われたにもかかわらず、その人の姿を見つけるたびに突進して、話しかけてしまいます。

あせってもいいことはありません。

特に初対面の場では、よけい後回しにされてしまうかもしれません。追いかけられると逃げたくなる心理が働き始めるからです。

気をつけましょう。ストップ、猪突猛進です。

雑談の上手い人は、待てと言われたら待ちます。

最後の最後になっても、笑顔であいさつをします。

結果、よい印象を持ってもらえます。

たとえ、待てど暮らせど声をかけられないで終わったとしても、仕方がないと考えるようです。

「今回は縁がなかっただけ」

そんなふうに、とらえるのだと思います。


では、相手が忙しそうにしていないときはどうでしょう。

今がチャンスとばかり、鼻息荒く突進してしまうのは、やっぱり雑談の下手な人です。

雑談の上手い人は、慌てないでゆっくり近づいてから、声をかけます。

最後の瞬間まで、相手の状況を気にしてあげているのです。


私は、あることに気がつきました。

雑談の上手い人、成功している人たちは、相手が忙しくしていないときでも話をする前に、必ず同じことを言って声をかけているのです。

その言葉とは、なんだと思いますか？


「今、話しかけても大丈夫ですか？」です。

立場や年齢に関係なく、すでに知り合い同士でも、この言葉を使っています。

このように言われれば、たいていの場合「大丈夫ですよ」となります。

自分のことを気にしてくれているとわかれば、誰でもうれしいはずです。

少なくとも、悪い気はしませんよね？

忙しくても、ちょっと手を止めて、話を聞こうと思うものです。

もっとも本当に時間がなければ、先に述べたように「後でこちらから声をかけます」と言ってくれるでしょう。


また、電話をかけるときも同様です。

雑談の上手い人は、「○○です。今、話しても大丈夫ですか？」と、必ず聞きます。

顔の見えない相手に対して、まずは相手の状況を聞く。

これは、聞くばり（気配り）です。


特に電話の場合は、相手の姿が見えません。

急用かもしれないと、取り急ぎ出てくれた可能性があります。

電車やバスに乗る直前や、コンビニで買い物をしているときなど、携帯禁止の場所ではないので、受話器のマークボタンを押してくれたかもしれないのです。
どんなときでも、相手の状況を見極めてから話しかけることが大切です。

雑談上手になるワンポイント

「今、大丈夫ですか？」と言って、相手のことを気にかけましょう。

雑談が上手な人は、

相手の目を見て
自分から自己紹介する

雑談の上手い人は、5秒間相手の目を見つめます。
雑談の下手な人は、1秒で目をそらします。

雑談の上手い人は、目力と手力があります。
雑談の下手な人は、どちらもありません。

雑談の上手い人は、最初に握手をします。
雑談の下手な人は、最後に握手を求めます。

なぜでしょうか。
雑談の上手い人は、相手に「安心感を与えようする」からです。

雑談を始めるにあたって大切なのは、相手によい印象を持ってもらうこと。

それには、第一声と笑顔は自分から、と説明しました。

そして、話しかけて大丈夫だと判断したら、自己紹介をします。


自己紹介とは文字どおり、自分を紹介すること。名乗ることです。

名前は、れっきとした個人情報です。

大切な情報を教えてくれたのだと、相手は安心します。

つまり、警戒心がとれるわけです。

そして、自己紹介をするときに大切なのは「目力」です。

しっかり相手を見つめると、真摯な姿勢が伝わります。


「見つめすぎると、怖い印象を与えてしまうのでは?」と思う人がいるかもしれません。

大丈夫、心配しすぎです。なぜなら、笑顔だからです。

先にも説明したとおり、口角を上げて微笑んでいるわけですから、どんなに目力を出しても、目が怒っているようにはならないのです。

「見つめすぎて、気があると誤解されてしまうのでは？」と思う人もいるかもしれません。大丈夫、自意識過剰です。

なぜなら、目に力が入っているからです。

力が入っているということは、キリっとしています。

キリっと見つめればキラっと映り、「きちんとした人」だと思われます。

雑談の下手な人は、消極的な傾向があるためか、自分から名乗ろうとしません。

「このまま名なしのごんべえでもいいや」と思うこともあります。

相手と目が合ってもすぐに目をそらすため、目力も発生しません。

自己紹介のときの目力には、意思があります。

「私のことを知ってください。そしてあなたのことも知りたいです」という意思です。

目は口ほどにものを言います。しっかり、意思表示をすることです。

では、どれくらい見つめればいいのでしょうか。

それは、ずばり「5秒」です。


最高によい印象を受けた男性の話をしましょう。

私は一瞬で「この人と話がしたい」、そう思いました。

その方は、ホテルの支配人をしています。


「な〜んだ、それなら当たり前じゃないか」

そんな声が聞こえてきそうですが、それは違います。


一流ホテルなのに、本当にホテルマンなのかと疑いたくなるような対応をする人は、残念なことにいます。また、小さなビジネスホテルでも、おもてなしのすばらしいホテルマンはたくさんいます。

要は、プロローグで紹介した「心の余裕があるかどうか」なのです。

その支配人との初対面は、仕事を兼ねたイベント会場でした。

「はじめまして、今日は暑いですね」

微笑みながら第一声をかけてくれた支配人の目に、次の瞬間から力が入ります。


「○○です。本日はありがとうございます」

私の目をしっかりと見つめていました。

その言葉は印鑑となって、私の心に赤い朱肉をつけました。

一瞬で名前がインプットされたのです。


その後、参加者にあいさつをする支配人を観察し、目力時間をカウントしてみました。

「○○です。本日はありがとうございます」
1、2、3、4、5。
5秒間だったわけです。

そしてこの5秒間に、同時に行っていることがありました。

「握手」です。

そういえば雑談の上手い人は、名乗るときに自分から握手をします。

10年ほど前、初対面で握手をしてきた30代前半の男性は、40代になった今、管理職になっています。しっかりと力を入れた握手だったのを覚えています。

まだまだ日本人にとって、握手は受け入れがたいのかもしれません。

でも、最後になって「今日はありがとうございました」と、握手を求める人はたくさんいるのです。遠慮がちな、力の入っていない握り方で……。

最後に握手ができるなら、最初にしましょう。

雑談上手になるワンポイント

自己紹介はしっかり相手の目を見て自分からする。目力と手力の威力を試してみましょう。

雑談が上手な人は、

相手の言葉をリピートする

雑談の上手い人は、心のスイッチを切りかえます。
雑談の下手な人は、そもそも心のスイッチを持っていません。
雑談の上手い人は、譲り合いの精神を持っています。
雑談の下手な人は、引くことをしようとしません。
雑談の上手い人は、やまびこ対応をします。
雑談の下手な人は、聞き流します。
なぜでしょうか。
雑談の上手い人は、順番をわきまえているからです。

会話とは、相手があって成り立つものです。
ひとりごとを言い続けるのとはワケが違います。

自分から声をかけ自己紹介をしたら、ここでシフトチェンジです。
今度は、相手が自己紹介をする番となります。

野球でいえば、表と裏です。
表の回で攻撃したら、次は裏の回、守りに入りますよね？

それと同じです。
自分の紹介が終わったら、速やかに心のスイッチを切りかえて、「聞く体制」に移らなくてはなりません。間を置いて聞く体制をつくることで、相手は「あ、今度は私の番だ」と認識するわけです。

雑談の下手な人は、これができません。

自分のことをわかってほしいという気持ちが強すぎるためか、聞かれてもいないのに自分のことを紹介しまくり、攻撃だけで終わってしまいます。

散々話しまくった後、「ところで、あなたの名前は？」と言ったとしても、時すでに遅し。

相手は聞き疲れ、もうぐったりです。

雑談が始まる前から、これではいけません。

心のスイッチを持っていないと、バランスが崩れます。

自己紹介の場で大切なのは、相手との調和、バランスです。

では、そのバランスをとるにはどうしたらいいのでしょうか。

ジャーナリストでもある、学生に大人気の大学教授から、私はそれを教わりました。

「シーソーみたいなものだよ。自分が上がったら今度は相手を上げる。相手が上がるためには自分が下がらないとダメでしょ。要は「譲り合いの精神」。これを知っていれば気持ちよく自己紹介をし合えるはず」

なるほどと思いました。

「ギッタンバッコン」

シーソーに乗っているような、あのバランス感覚です。

極端な例ですが、四方八方から人が行きかう街を歩いているとき、このまま直進するとぶつかりそうだなと感じることがありますよね？

このときとっさに進路を少しずらして相手に道を譲れる人と、意地でも譲らない人とに分かれます。当然、前者のほうがバランス感覚に優れているわけです。

さて、聞く体制ができたら、相手の自己紹介が始まります。

忘れないように、しっかり聞きましょう。

ここで大切なのは、相手の言葉を繰り返して言うことです。

「○○と申します。A社に勤めています」

「○○さんですね。A社に勤めていらっしゃるのですね」


これでオーケーです。

相手の言った言葉を返してあげると、相手はいい気持ちになります。

「自分のことを、きちんと聞いてくれた」

「名前も、覚えてくれようとしている」

そう思ってくれます。


私はこれを「やまびこ対応」と呼んでいます。

特に初対面では、自己紹介のときにしっかり相手の言葉をリピートしておくと、いい印象を持ってもらえます。

それだけでなく、耳で聞いたことを口で反復するのですから、覚えるわけです。

一石二鳥です。

やまびこ対応をすると、その後の雑談がスムーズにスタートします。そして、次に会う機会へと繋がっていきます。

雑談上手になるワンポイント

聞く態勢に移ったら、相手の言葉をリピートして好印象を与え、「リピーター」になってもらいましょう。

第 2 章

雑談の内容は身近なところから探す

相手が言葉を返しやすくなる話題は、
日常のなかにたくさんあふれています。

雑談が上手な人は、

世の中の出来事を常に意識している

雑談の上手い人は、いつでもアンテナを張っています。
雑談の下手な人は、どこでも全身が圏外です。

雑談の上手い人は、新しい情報に敏感です。
雑談の下手な人は、さまざまな情報を取りのがします。

雑談の上手い人は、向上心があります。
雑談の下手な人は、現状で満足します。

なぜでしょうか。
雑談の上手い人は、好奇心を絶やさないからです。

世界中で愛され続けているテレビ番組「おさるのジョージ」を知っていますか？

「これはなんだろう、あれはなんだろう」と、知りたがりやのこざるのお話です。

知りたくて仕方がないから、いつもキョロキョロします。

冒険しすぎて、時々可愛い失敗をするのですが、その代わり知識が豊富になります。

ジョージ君は間違いなく雑談力のあるこざるだといえます。


雑談の上手い人は、ある意味「人間ジョージ君」です。

常に、アンテナを張っています。

駅のホームでは、いくつもの巨大宣伝ポスターを、電車の中では展覧会や新刊書の紹介、週刊誌、月刊誌の中吊り広告に目を向けます。

１８０度の視界内は、無駄なく眺めます。

改札口へ向かう上りエスカレーターに乗っても、目は壁のポスターを追っていきます。

雑談の下手な人は、全身圏外になります。

電車の中では、座っていようが立っていようが寝ています。

改札口へ向かう上りエスカレーターでは、上から降りて来る人をただボーっと眺めます。

お決まりのニュースをBGMに、朝刊にさっと目をとおし「今日の情報収集はこれでよし」と、満足してしまいます。

雑談の上手い人は、自分を磨きたいという向上心が常にあります。

そのため、ニュースや新聞では発信していない情報も知ろうとします。

たくさんのことを知っていれば、雑談に困ることはほとんどありません。

駅や電車の中は、情報の宝庫です。

朝のルーティーンのみならず、いつでもどこでもアンテナを張ることが大切です。

雑談上手になるワンポイント

世の中の出来事やライフスタイルを、常に意識してみましょう。

雑談が上手な人は、

今、目の前にあるコト、モノについて話す

雑談の上手い人は、視界から入っていきます。
雑談の下手な人は、知識から入ろうとします。

雑談の上手い人は、目の前のモノにズームインします。
雑談の下手な人は、思考がズームアウトしたままです。

雑談の上手い人は、日常に楽しみを見つけます。
雑談の下手な人は、非日常に楽しみを求めます。

なぜでしょうか。
雑談の上手い人は、観察力があるからです。

おたがいの自己紹介が終わったら、いよいよ雑談スタート。

まずは、現在起きているコトや視界に入っているモノについて話すことが自然です。


例えば、何十人も集まる会場だとします。

「すてきな場所ですね」

「すごい人ですね、活気にあふれていますね」

こんな感じで、パッと見て思ったことを言えばいいのです。


すると、相手は言葉を返しやすくなります。

「すてきな会場ですね、天井も高くてシャンデリアもきれいですね」

「本当ですね、こんなに参加者が多いとは思いませんでした」


目の前のモノを、ズームインしてもいいと思います。

「今日のビュッフェは、種類が豊富ですね」

「本当ですね、フルーツもケーキもあって、いただくのが楽しみですね」

「特に何が好きですか？　好き嫌いってありますか？」

こんなふうに始めれば、自然に食べ物やお酒の話ができそうです。

雑談の下手な人は、自分が知識人だとわかってもらうことから始めようとします。

「このビルをつくるのにA社とB社のゼネコンが競っていたのを知っている？」

「これだけ参加者がいるなら、隣駅のCホテルの○○の間を使えるのにねぇ」

いきなりこれでは、相手は言葉につまります。

「知りません」「そうですか」で終わり、雑談には発展しないでしょう。

雑談の上手い人は、日常のささいなことも勝手に楽しみます。

例えば、近所で工事が始まったら「何が建つのだろう、マンションかな、コンビニかな」とイマジネーションを働かせながら、現場まで確認しに足を運んだり、新しいレストランやコーヒー専門店ができたら「今度行ってみよう」と思います。

雑談の下手な人は、子どものときのような、純粋な好奇心がありません。

高級レストランで食事をしたり、高いお金をかけて海外へ行ったりする、どちらかといえば非日常的なことばかりに楽しみを求めるような気がします。


そして、雑談力がある人は、相手の小さなケガにも敏感です。

指先の絆創膏《ばんそうこう》を見つけたら、真っ先に「どうしたのですか？」と聞きます。

「ああ、これですか。紙で切ってしまって」

「指先って痛いですよね。大丈夫ですか？」

「ありがとうございます。時々やってしまうのですよ」

「傷を早くきれいに治す絆創膏があるのですが、あれは優れものですよ」

「それは知りたいですね」

「コンビニで売っていますよ。値段はたしか……」

こうやって、とっておきの情報を教える雑談に繋がっていくのです。

相手の印象から入っても、もちろんオーケーです。

「きれいな色のネクタイですね」

「すてきな服ですね」

最初にほめられて、嫌な気持ちになる人はいないと思います。

まずは、今、目の前にあるコト、モノについて話せば大丈夫です！

雑談上手になるワンポイント

雑談では、まずは「現在」のことを話題にしてみましょう。

雑談が上手な人は、

直前や直近の出来事で話を盛り上げる

雑談の上手い人は、最近の記憶から使っていきます。
雑談の下手な人は、3分前のことは忘れています。

雑談の上手い人は、生放送のように実況中継します。
雑談の下手な人は、録画したまま再生しません。

雑談の上手い人は、ホットな情報が好きです。
雑談の下手な人は、クールに知ったかぶりをします。

なぜでしょうか。
雑談の上手い人は、相手がすぐにイメージできる話題を取り上げるからです。

目の前にあるモノやコト以外を話すときは、「今」に最も近い情報が最適です。

直前の記憶は、相手と共有できる可能性が高いからです。

「○○線が止まっていたので、ここまで来るのに時間がかかりました」

「いやぁ、昨夜は飲みすぎてしまって今朝からお腹の調子が……」

今日もどこかで、誰かが口にしていそうですよね？

相手と会う前に起きていたコトは、すでに過去ではあるけれど、直近の内容です。

私はこれを「半過去」と呼んでいます。

イメージとしては「現在」を軸に「先ほど」「今朝」「昨夜」くらいの感覚です。

本来「半過去」とはフランス語の文法で使われる言い方で、時間枠の概念が少し複雑になるのですが、ここでは「直近の出来事」という意味で使いたいと思います。

そして雑談の上手い人は、そのときの状況を実況中継します。

「すごかったですよ、駅員さんが『○○駅から○○線へ乗り継いでください』って言うからそのとおりにしたら、皆がいっせいに向かうでしょう。異常な混雑で、歩くというより足踏み状態でしたよ」

実況中継と聞くと、柳沢慎吾さんを思い出しませんか？

そうです。高校野球や警察ネタをリアルに演じる、あの俳優さんです。

何度見ても新鮮に感じてしまうのは、なぜでしょうか。

それは、熱いからです。

もちろん、身近に感じるテーマをネタにしていることも人気の要素だと思いますが、あえて実況中継をすることによって熱い思いが伝わり、評判がいいのですね。

実況中継するときは、熱く伝えましょう。

特にデートや友人との待ち合わせのときなど、好感度はアップすると思います。

「○○駅の改札口で、ずらーっと小学生が並んで赤い羽根の募金箱を持っていてね、張り裂けそうな声で『お願いしま〜す、お願いしま〜す』って必死に叫んでいるんだ。これはもう募金せずにはいられないよね」

聞いている相手の笑顔が浮かんできます。


雑談の下手な人は、新しいことでもすぐ忘れます。

「あれ、そうだったっけ」と、3分前のことを覚えていないときがあります。

直前のことなのに、頭の中に録画したまま保存しているだけなのです。

人から言われないと、再生することがありません。

そして最悪なことに、知ったかぶりをします。

これはいけません。いい加減な人だと思われます。


雑談の上手い人は、相手の知ったかぶりをすぐ見抜きます。

顔つきが「本当は知りません」と言っているからです。

知らなければ教えてもらえばいいこと。

「今朝はニュースを見なかったので知らなかったです」と素直に言えばいいのです。不自然な動きの相づちは、教えてもらうというチャンスを逃してしまいます。

雑談の上手い人は、最新の情報が大好きです。

「この建物のはす向かいに、おいしいラーメン店がオープンするみたいですよ」

「昨夜のニュースで知ったのですが、今年の桜の見所に○○神社も入っていました」

相手も知っていれば当然、話は盛り上がります。

知らなかったら、教えてあげられます。

「へぇ〜それは聞いてよかった」と、その話に興味を持ってくれることもあります。

こうやって、雑談に花が咲いていくのです。

雑談上手になるワンポイント

雑談には、相手に会う前の新しい記憶、直前や直近の出来事を取り入れればいいのです。「半過去」のことを話題にしましょう。

雑談が上手な人は、

過去の出来事の話題で共感してもらう

雑談の上手い人は、タイムマシンが好きです。
雑談の下手な人は、昔のことは封印しています。

雑談の上手い人は、心に残るシーンを脳にスタンバイさせています。
雑談の下手な人は、聞かれてから記憶をさかのぼっていきます。

雑談の上手い人は、引き寄せの法則を信じています。
雑談の下手な人は、引き裂かれていきます。

なぜでしょうか。
雑談の上手い人は、相手との共通点を見つけようとするからです。
共通する何かがあったなら、親しみを感じ合えることを知っています。

「今」「半過去」の話が落ち着いたら、次は「過去」です。

「ひょっとしたら」「もしかしたら」を念頭に話を切り出すといいでしょう。


「比嘉《ひが》さんは、ひょっとしたら出身は沖縄ですか？」

「○○さんはもしかしたら、京都出身ですか？」

「もしかしたら、水泳か武道をやっていたことありますか？」


こんな感じです。

これを聞くには、自己紹介の時点から相手をきちんと見ておかなくてはなりません。

特にビジネスで初対面の人が集まる場所では、名前のカードを首にぶら下げたり、名札のバッジをつけることが多いので、漢字が一目瞭然です。


「そうです、沖縄です。どうしておわかりになったのですか？」

「以前沖縄に旅行したときに、比嘉さんっていう名前が多かったから」

「いつ頃のことですか？」

「大学時代です。懐かしいなあ」

沖縄という共通の話で意気投合していきます。


「そうです、京都出身です。よくわかりましたね」

「言葉のアクセントでわかりました。高校まで神戸に住んでいたので、京都は近いからよく行きました。今でも関西の人と話すと方言になりますよ」

「それは奇遇ですね。京都のどのあたりに行ってました？」

タイムマシンは「高校時代」に連れて行ってくれました。


「水泳をやっていました。学生時代ですけど」

「やっぱり！　姿勢がいいからきっとそうだと思いました。実は僕も水泳部でした」

「あー、そういえば○○さんも肩幅がありますね」

同じ釜の飯を食ったわけではないけれど、厳しい練習に耐えた青春時代の思い出が蘇ってきます。

このように雑談の上手い人は、過去のことをしっかり覚えています。

そしてすぐに取り出せるように、いつも脳の引き出しに入れています。

野球でいえば、ベンチで出番を待っているような感じです。

監督（脳）が「出番だぞ」と指示したら、すぐに飛び出します。


雑談の下手な人は、過去の思い出がベンチ入りしていません。

長い間、ベンチ裏にいます。

そのため、監督（脳）が指示すると、ベンチ入り（取り出す）まで時間がかかります。


先に述べた話からもわかるように、雑談の上手い人は、人を引き寄せます。

過去の話をすることで、シンクロニシティが起きることを信じているからです。

比嘉さんという名前から「沖縄旅行をした学生時代」という過去の話をしています。

相手の京都弁からは「神戸に住んでいた時期」、姿勢のよさからは「水泳部だった学生時代」という過去の話を取り出しています。

偶然かもしれないけれど、これこそ共時性、まさにシンクロが起きたわけです。

雑談の下手な人は、過去に対して嫌な思い出が残っているのか、昔の話をしたがりません。そのため、シンクロは起こりません。タイムマシンにも乗れません。

引き寄せられるかもしれなかった人脈から、引き裂かれてしまうのです。

辛い過去も、いい経験だったととらえるようにすれば、必ず未来に繋がっていきます。

ひょっとしたら、もしかしたら、これから出会う人が自分と同じ時間を同じ場所で過ごしていたことがあるかもしれません。

雑談上手になるワンポイント

雑談では、自分が「過去」に経験したことも話題にしてみましょう。

雑談が上手な人は、

明るい未来を話題にして次の約束をする

雑談の上手い人は、想像力が豊かです。
雑談の下手な人は、思考が停止しています。
雑談の上手い人は、夢やロマンを話します。
雑談の下手な人は、人生の冒険を恐れます。
雑談の上手い人は、「次」を約束します。
雑談の下手な人は、「これっきり」となります。

なぜでしょうか。
雑談の上手い人は、明るい未来にスポットをあてているからです。
過去の経験を原動力とし、未来に向かって進んでいきます。

雑談の上手い人は、これから自分が「したいコト」「なりたい姿」を頭と心で描いています。

初対面の相手を、イマジネーションで楽しませてくれる男性がいました。40代で大手メーカーの部長になり、海外の支店長も経験した人です。飲み会やランチなどで、男女を問わず聞いていたことがありました。

「もし1カ月、自由になれるとしたら何をしたい？」


すると皆、うれしそうに思いをめぐらせながら答えを探していきます。

「無人島の砂浜で毎日ヤドカリを見ていたい」

「女性になって、女性の気持ちを体験してみたい」

「映画を見まくりたい」

ワクワクしながら話がはずみます。

彼いわく、「想像することは成功へのイメージトレーニング。空想でもなんでもいいから、やりたいことを話すと、新たな向上心が芽生えてくるから雑談が盛り上がるんだ。すると不思議なもので、願望がかなっていくことがしばしばある」とのこと。

このとき答えた人のほとんどは、実際にそのとおりになりました。

無人島の話をした美容師の男性は、数年後に結婚。新婚旅行で沖縄の無人島へ行き、2週間毎日ヤドカリを見ていたそうです。

長い間見ていたら愛情がわいてきて、箱に入れて飛行機で東京まで持って帰って来たというのですから驚きです。

映画を見まくりたいと言った人は、その雑談に加わっていた女性と映画デートを約束し、その後お付き合いが始まりました。

そして、女性になりたいと言っていた人は……、いまだ男性のままですが（笑）、それまで以上に女性の気持ちがわかる紳士となり、モテているようです。

雑談の下手な人は、想像は妄想でしかないと思っているので、願望を口にしません。

結果、大切な情報が入ってくることも、願望が実現することもなく終わってしまいます。


言霊《ことだま》の威力は本当にあります。

金メダルをとったオリンピック選手を思い出してみてください。

4年前から、「絶対に金メダルをとる」と周囲に断言しています。

紙に書いて部屋に貼っている人もいます。

もっと前から、驚くことに小学校の卒業文集に書いていた人もいるくらいです。


そして雑談の上手い人は、今日の出会いを、これっきりにはしません。

「このような楽しいイベントがまたあるといいですね」

「秋にあるかもしれませんよ」

「日がわかりましたらぜひ教えてくださいね」

次にまた会えたらいいなといったことを口にします。

盛り上がった共通の話題があればなおさらです。

「今度ぜひゴルフしましょう」

「先ほど話した日本酒バーに今度お連れしますよ。日を決めましょう」

こんな感じで「次」を約束していきます。

雑談上手になるワンポイント

夢やロマンをかなえるためにも、これからしたいこと、願望はどんどん口に出して言うべきです。雑談では、「未来」のことも話題にしましょう。

雑談が上手な人は、

自分から宗教や政治、下ネタの話はしない

雑談の上手い人は、初対面から議論をしません。
雑談の下手な人は、お酒が入るとからみます。

雑談の上手い人は、気軽さの中に上品さを感じます。
雑談の下手な人は、軽さの中に下品が住んでいます。

雑談の上手い人は、コントロールが上手です。
雑談の下手な人は、制御システムを持っていません。

なぜでしょうか。
雑談の上手い人は、TPOをわきまえているからです。
時（TIME）、場所（PLACE）、場合（OCCASION）。
ご存知のとおりTPOとは、この3つを考えて行動し、発動していくことです。

昔から「ＴＰＯに合わせた服装」という言葉をよく聞きますが、雑談も同じです。どんなにすてきな装いをしていても、ヘアースタイルがバシッと決まっていても、話す内容について、ＴＰＯを考えないといけません。

これは、空気が読めないのとは違います。

例えば、電車の中で着信音の鳴る携帯電話に平然と出て長々と話すのは、場所を全然考えていないわけで、もはや空気が読めないよりタチが悪いと言えるでしょう。

銀座では、「お客さまに政治と宗教の話はしてはいけない」という鉄則がありました。アルコールが入ると、人によっては本気で怒りだすからです。

個人的な思想が入るため、気軽にできるはずの雑談に深い感情が入り込むわけです。

実際に、ホステスから話題に出さなくても、雑談の下手なお客さま同士が議論し合うことは時々ありました。そんなときは、しばらく黙って聞いているしかありません。

それでも、自分からは話題に出さなくても、相手から質問を投げかけられたら？

「支持している政党は何か」と聞かれたら？

そんなときは、笑顔で次のように答えることをオススメします。

「自分党です」

たいていは、これで笑いをとって終了できます。

宗教のことを聞いてくる人はあまりいないと思いますが、万が一聞かれた場合は「自分は信仰に厚いわけではないので……」と答えるのが無難のような気がします。宗教はデリケートな部分だからです。

または、自分の名前を入れて「○○教です」とユニークに答えるのも、お酒の席などではよくあることです。

本来、信仰は自由なのですから、親しくなってから話題に出すなら問題ないでしょう。ですが、初対面や付き合いが浅いうちは、つつしんだほうが賢明です。

そして、意外と気をつけなくてはならないのが「下ネタ」です。

雑談という、気軽な場であることをいいことに、つい話したくなってしまうことがあるかもしれませんが、ここはグッとがまん。

気軽さと軽さは異なります。

何をもって「下ネタ」というのか、どこまでならセーフなのかは、聞き手の受け取り方によって変わってきます。

それを心得ているから、雑談の上手い人は、最初から下ネタは話しません。

それゆえ、フランクさの中にも上品な感じを受けるのです。


雑談の下手な人は、楽しいからと、つい調子に乗って下ネタを口にしたりします。

話題をコントロールすることをしないため、下品に思われてしまうのです。

相手のことをまだよく知らないうちは、口にしないに越したことはありません。

「下ネタ」は、おたがいの信頼関係が築かれてからにしたいものです。

雑談上手になるワンポイント

雑談にもTPOが必要だということです。最低限、自分からは「宗教」「政治」「下ネタ」の話はしないようにしましょう。

第 3 章

雑談の上手な切りかえ方と終わらせ方

「間《ま》」の使い方が上手になると、
雑談中に困ることがなくなります。

雑談が上手な人は、

話の結論を
無理に出そうとしない

雑談の上手い人は、メリハリがあります。
雑談の下手な人は、ハラハラします。

雑談の上手い人は、思いきって方向転換します。
雑談の下手な人は、タイミングを失います。

雑談の上手い人は、あえて尻切れトンボになります。
雑談の下手な人は、ますます尻込みします。

なぜでしょうか。
雑談の上手い人は、時間の使い方に無駄がないからです。

ダラダラと続く長い話は、誰だってうんざりしてしまいます。

高速道路で、予期せぬ大渋滞にはまってしまったようなものです。

こんなとき、運転に慣れている人なら早めに解決策を考えますよね？

「とりあえずサービスエリアで休憩しよう」とか、ナビより自分のカンを頼りに「遠回りになるけど下の道で行ったほうが早い」と、迷うことなく次の出口で降りたりします。


運転に慣れていない人は、近づくサービスエリアや出口の前でハラハラします。

そのため、ハンドルを左に切るタイミングを逃します。

結果、さらに次の出口まで、延々と渋滞に巻き込まれていきます。


雑談も同じです。

雑談の上手い人は、なるべく早い段階で、聞いている話から降りようと考えます。

相手に不快感を与えないようにしながら、続いていた話から遠ざかるのです。

雑談の下手な人は、ハラハラしながら話を聞き続けてしまうため、話題を変えることにますます尻込みをしてしまいます。

本来、雑談の上手い人は、聞き上手からの話し上手なので、相手がうんざりすることがほとんどありません。

もし相手が聞くことを終えたがっているなと感じれば、すぐに話題をチェンジします。

そのため、この章では主として「自分が聞き役として、相手の話を切りかえたい、終わらせたい」ということについて、説明していきたいと思います。


雑談は、相談や商談とは違います。

無理に話をまとめなくてもいいし、結論を出す必要もありません。

雑談なのですから、そこは気軽に考えて大丈夫なのです。

雑談上手になるワンポイント

雑談は、たとえ尻切れトンボになっても失礼にならないので、気にしないようにしましょう。

雑談が上手な人は、

相手が喜ぶ質問で上手に話を切りかえる

雑談の上手い人は、優しく誘導していきます。
雑談の下手な人は、支配されていきます。

雑談の上手い人は、相手を気持ちよくさせます。
雑談の下手な人は、相手の気分が悪くなっていきます。

雑談の上手い人は、サインを出します。
雑談の下手な人は、前置きをしません。

なぜでしょうか。
雑談の上手い人は、まずは「相手に寄り添う方式」で話を切りかえるからです。

寄り添うとは、離れずにいること。

相手が長々と話す内容からは離れずに、違う話をするわけです。

わかりやすく言うと、中心の軸があって、そこから半径1メートルくらいの位置にあるような話をするイメージです。もっとわかりやすく言うと、「ずらせばいい」のです。

「そういえば、健康の話で思い出したのですが、タレントの○○さんは、毎朝欠かさず食べているものがあるらしいですよ」

「そういえば、マラソンというと、街で走っている人が本当に多くなりましたね」

健康の話を軸として、タレントさんの健康秘話にずらしています。

マラソンの話を軸として、ターゲットを街で走っている人にずらしています。

こんなふうにやんわり誘導していけば、相手に失礼になることはありません。

これができれば、相手が喜んで答えるだろう質問の予想がついてきます。

「歓喜の質問方式」です。

「そういえば、今の話を聞いていて思ったのですが、食に詳しい○○さんなら、どこかにお酒も料理もおいしいお店、知りませんか？」

「そういえば、唐突な質問ですが、学級委員とか生徒会長とかしていませんでしたか？

リーダー的な要素を感じるので」


どうですか？　つい話が長くなってしまったとき、このような質問で切りかえてもらえたら、ちょっとうれしくなりませんか？

たとえピンポイントのお店が浮かばなくても、それなりのお店を紹介することならできそうですよね。

生徒会の経験がなくても、そんなふうに思ってもらえたことに喜びを感じるはずです。


経営者や部長クラスの人は、星の数ほど雑談を経験していますから、話を切りかえることが本当に上手です。ある人が言っていました。

「重要なのは、相手に支配されないこと。悪いからといっていつまでも雑談に付き合っていたら自分の大切な時間がなくなるだけ。相手にとって、ただの都合のいい聞き役になってしまう可能性があるからね」

そのとおりだと思いました。

繰り返しますが、雑談は相談ではありません。

悩みを聞いているのとは違います。

そして、この「そういえば」という言葉。

これがあるとないとでは、受ける印象に雲泥《うんでい》の差が出ます。

いきなり「健康の話で思い出したのですが」「唐突な質問ですが」と切りかえるよりは、「そういえば……」を言ってからのほうがソフトになります。

前振りというか、「これから話を切りかえますよー」というサインになるわけです。

雑談上手になるワンポイント

「そういえば」というサインを出す。そして相手が話していた内容から連想して話をずらし、喜ぶ質問をしてあげましょう。これで、切りかえは成功です。

雑談が上手な人は、

他人に注意を向けて話題をそらす

雑談の上手い人は、武器を持っています。
雑談の下手な人は、睡魔に襲われます。

雑談の上手い人は、秘密基地に通います。
雑談の下手な人は、孤独を楽しみません。

雑談の上手い人は、推理力があります。
雑談の下手な人は、人間模様に無関心です。

なぜでしょうか。
雑談の上手い人は、人間を観察することに慣れているからです。

雑談において、困ったときにさっと取り出せる「武器」があれば、心強いですよね？

怖いものなしになることは間違いありません。

実は、雑談の上手い人のほとんどがこれを持っています。

「他人を利用する」という武器です。

ちなみにこの場合の他人とは、雑談相手以外の「第三者の存在」のことです。


長々と続く話に、そろそろ話題をチェンジしたいと思ったら、すぐに取り出します。

例えば、1対1でお茶や食事をしているとします。

「話を中断して申し訳ない。奥のテーブルのおばさまたちが何やら楽しそうなので。同窓会の帰りですかね」

「それはそうと、さっきからあそこの赤ちゃんがニコニコしていて可愛くて」

こんな感じで大丈夫です。


基本的には、誰もが微笑んでしまうような状況が無難です。

左奥におばさまの集団、右奥には赤ちゃん連れ、と把握しておくこと。

そして雑談相手を見て、時々チラ見しながら話を聞いていけば準備OKです。

あるいは、カップルをターゲットにしてもいいでしょう。

「突然話が変わるのだけど、あそこのカップルすごく仲がよさそうで微笑ましいね」

同じ空間にいる他人の状況は、相手のおしゃべりに「待った」をかけます。

思わず振り向いて見たくなる、自然な心理が働くからです。

「そんなこと言っても、タイミングよく話を切りかえられるかどうかわからない」

そう心配しているあなたに、朗報があります。

その前にちょっと質問。

「行きつけの喫茶店やカフェがありますか?」

「ある」と答えた方に、さらに質問です。

「ひとりでコーヒーを飲みながら、何をしていますか?」

まさか、寝ていませんよね?

雑談の下手な人は、途中で眠くなって仕方がありません。

相手の長い話に疲れ、最後のほうは睡魔と戦いながら聞いています。

だから、時間つぶしに入った店で、冷めたコーヒーを相手に瞼が閉じます。


雑談の上手い人は、喫茶店やカフェで人間観察をします。

そうです。朗報とは、コーヒーを飲む場所に行けば大丈夫だということです。

もちろん、ただ行くだけではダメです。


30代前半でベンチャー企業を立ち上げた男性の話をしたいと思います。

彼の話にはスピード感がありました。これは早口ということではありません。

話の展開が速いのです。3～4人で雑談をしているときでも、誰ひとり、話が長くなることがありません。周囲にいる他人の話をタイミングよく取り入れ、楽しく推理しながら気持ちよく雑談が終了するのです。

そのトンボのような視野と、話を切りかえる力はどこで身についたのでしょうか。

「行きつけの喫茶店をつくるといいよ。コーヒーを飲む場所には必ず会話をしている人たちがいるでしょ。あ、あそこにきれいなお姉さんがいる、どんな仕事をしているのかな、営業かな、きっと誰かと待ち合わせだなと推理する。それから隣の話に耳を傾ける。女子高生、ビジネスマン、主婦……。相手の話にうんざり気味の聞き手に、思わず『今だ、そこで切りかえろ』って心で叫んだりしてるよ（笑）」

つまり、行きつけの喫茶店という「秘密基地」をつくれば、周囲にいる人の様子を観察するということに慣れる。と同時に、「他人を利用する」という武器を出すタイミングの作戦も練ることができるというのです。

忙しい人ほど、大切なことに時間をつかいます。

自分だけの「秘密基地」をつくって、人間観察に慣れておきましょう。

雑談上手になるワンポイント

話の切りかえしに困ったら、周囲にいる人をなにげなく観察しておくことです。同じ空間にいる人を、どんどん利用していきましょう。

雑談が上手な人は、

ユーモアで話を締める

雑談の上手い人は、声を出す笑いを誘います。
雑談の下手な人は、ユーモアの威力をわかっていません。

雑談の上手い人は、ジョークを交えます。
雑談の下手な人は、ジョークを使えません。

雑談の上手い人は、昔から伝えられてきた知恵を使います。
雑談の下手な人は、わかりやすく伝えることが苦手です。

なぜでしょうか。
雑談の上手い人は、「ユーモア」が人間関係をスムーズにする必殺技であることを知っているからです。

ユーモアには、緊張した雰囲気をやわらげるという効果があります。初対面であればなおさら、おたがいの心をほぐします。

観光バスのガイドさんを思い出してみてください。

ちょっとしたジョークを交えながら話をしていますよね？

センスあるユーモアで、ガヤガヤを一瞬でストップさせることも得意です。

「皆さま、ちょっと私に注目していただけますか？　はい、ありがとうございます！　今日のお客さまはいい方ばかりですねー」

「皆さま、左手には富士山が……、まったく見えません」

いっせいに笑い声がわき起こります。

仕事でもプライベートでも、ユーモアのセンスがある人は人気者です。

有名人で例えるなら、まず最初に浮かぶのが、明石家さんまさん。

しゃべり続けている人にジョークで切りをつけ、話を他の人にふるテクニックは、天才といわれるだけあってさすがです。

女性ならば、キャスターの安藤優子さん。

番組冒頭でのちょっとした雑談はユーモアにあふれています。

時々ことわざを入れたりして笑いで締めるところなど、お手本になります。


雑談の上手い人は、このように相手の笑いを誘います。

声を出して笑わせ、長い話を一時停止させるのです。

雑談の下手な人は、真面目すぎて、ジョークを発すること自体思いつきません。


仕事でよほど悔しいことがあったのでしょう、いかり肩をさらにいからせ、上司と銀座のお店に入って来たお客さまがいました。

乾杯もそこそこに、声を震わせながら早口でまくしたてる彼に、上司が笑顔でストップをかけました。

「おいおい、そんなに震えて地震でも起こさないでくれよな。短気は損気、もっと呑気《のんき》にいこうじゃないの」

このセンスあるユーモアに私は爆笑。彼も笑わざるをえませんでした。

グチやイライラ話は長くなりがちです。できるだけ早めにストップしたいものです。先に述べた安藤優子さんについての一節でも触れましたが、ことわざは処方箋の一つになります。

四字熟語も同じです。

昔から伝えられている言葉を使われると、人は納得してしまうのかもしれません。

この処方箋にプラスして、ダジャレを繋げて話を締める達人がいました。

世界的に有名な映像機器メーカーの部長。とにかく明るい人で、いつも楽しいお酒でした。仲間や部下はもちろん、取引先であろうと誰であろうと、相手が話した内容に対して、すかさずダジャレで笑いを誘うのです。

「まあまあ『災い転じて福となす』っていうじゃありませんか。あ、なすが食べたくなりました」

「人間だからグチも言いたくなりますよね。なかなか君いいよ！　ベリーグッチ！」

「猪突猛進するねえ、ちょっつもうしんぱい」

「これはこれ、あれはあれ。This is this, That is that よ」

あげたら切りがありません。本当に楽しくて、そして学び多い部長さんでした。

このように、相手の笑いを誘えば、話を一時停止させても気まずくなることは避けられます。

それどころか、あなたはさらにもっと、楽しい存在になっていくはずです。

ユーモアで YOU MORE！（笑）

雑談上手になるワンポイント

ことわざや四字熟語、ジョークやダジャレを上手く使い、ユーモアで締めましょう。ぜひ、トライしてみてください。

雑談が上手な人は、

スマホを使って話を強制終了する

雑談の上手い人は、スマートフォンが相棒です。
雑談の下手な人は、スマホはカバンの奥に沈んでいます。

雑談の上手い人は、エアースマホで逃げます。
雑談の下手な人は、捕らえられたままです。

雑談の上手い人は、アラームをセットしておきます。
雑談の下手な人は、ちょっとした悪知恵が働きません。

なぜでしょうか。
雑談の上手い人は、いざというとき「役者」になれるからです。

「そういえば」で話をずらしても、周囲にいる他人を利用しても、ユーモアで締めても効果がないときはどうしたらいいのか。

めったにないこととはいえ、イレギュラーな事態はやはり発生するものです。

特にお酒が入ると、人は自分がどれだけ長く話しているのか不明になります。

まだ若いのに、年寄りの繰り言のように同じことを連呼する人、しつこくなる人、「まだまだ帰さないわよ」と言い出す人まで……困ったものです。

同僚や友人なら、「帰ってやらないといけないことがあるから、その話はまた今度ね」と言って立ち去ることができます。

しかし、初対面の場や職場の飲み会、まして人生の先輩と一緒の席などでは、話を終了させることはなかなか難しいものです。

雑談の下手な人は、勇気が出せなくて、その場に捕らえられたままになります。

そんなときのために、雑談の上手い人はスマートフォンを肌身離さず持っています。

相棒のように、振動を感じる胸ポケットや、目に見える場所に置いて話をします。
そしてピンチだと感じたら、相棒を連れて逃げる体勢をつくります。
「ちょっと失礼」と言って、立ち去るのです。

これは演技です。エアーギターならぬ、エアースマホです。
あたかも大切な電話がかかってきたかのように、相棒を指でなぞり耳にあてます。
「はい、もしもし」なんて声まで出して、完全に役者と化します。
でも、これでいいのです。こうでもしないと、上手く逃げられないのですから。

成功している人は時間の使い方が上手です。
忙しい人ほど無駄な時間を切り捨て、その分必要なことへと注ぎ込みます。

何度も述べていますが、雑談は相談や商談とは違います。
話をまとめる必要はないのだから、尻切れトンボになっていいのです。

賢いなぁと思った女性社長の話をしたいと思います。

接待される側として、半年に1回、銀座のお店にいらっしゃいました。

40歳前後の、笑顔のすてきな人です。

夜の8時ごろに来店され、必ず10時半になると「ちょっと失礼」と、ジャケットのポケットからスマートフォンを出し「それじゃ、私は先に帰ります」と店を出ます。

楽しい雑談の途中でも、その場をさえぎるように、すっと立ち上がるのです。


あるとき、なぜ10時半なのか彼女に聞いてみました。

「仕事の話は、ここに来る前の食事ですんでいるからね。二次会は長くなるでしょう。つい話を聞いてしまうから、あらかじめアラームをセットしているの」

なるほど、マナーモードでセットしておけば、振動が時間を教えてくれるわけです。


話によると、社長に就任するだいぶ前、ガラケーのときからずっと、10時半アラームを定着させてきたというのです。

振動を感じたら「そろそろ私は」で席を立つ。

これも、なかなかいい方法です。

スマートフォンは、もはや生活必需品です。

それゆえ、雑談から逃れるために利用しても不自然に思われることはありません。

これからはもう大丈夫です。

雑談上手になるワンポイント

スマホ片手に「ちょっと失礼」で席を立ち、長い雑談を強制終了してしまいましょう。

第 4 章

相手に気に入ってもらう雑談の仕方

「感じがいい」と思ってもらうのは、
人として好きになってもらえる第一歩です。

雑談が上手な人は、

「感じのいい人」と思ってもらえる

雑談の上手い人は、明るさの中に落ち着きがあります。
雑談の下手な人は、暗さの中にしつこさが見えかくれします。

雑談の上手い人は、さっぱりしています。
雑談の下手な人は、ねっとりしがちです。

雑談の上手い人は、すがすがしさを与えます。
雑談の下手な人は、うっとおしさを残します。

なぜでしょうか。
雑談の上手い人は、自分の態度が、相手に伝染することを知っているからです。

明るく話せば、一緒にいる人も明るい気持ちになります。

暗く話せば、当然、暗くなります。

それゆえ、雑談の上手い人は明るい雰囲気づくりを心がけるのです。


明るくて元気がいい人は、感じがいいですよね？

必要以上にやかましい明るさではなく、落ち着いた朗らかさは、大人の魅力を感じます。


第1章で、笑顔には人を引き寄せる力があることを述べました。

雑談を始めるとき、ニコニコしている人に不快感を抱く人はいないということです。

さらに話していて「感じのいい人」だと思われれば、間違いなく気に入ってもらえます。


明るくてさっぱりしている人は、相手にすがすがしさを与えます。

雑談の下手な人は、さっぱりしていません。意外とねちねち屋さんです。

ねちねち、くどくど話す人には、うっとおしさが残るだけです。

前章までは「この人、いい人かもしれない」という印象を与えるために、どちらかというと初対面における、人柄を感じさせるノウハウをお伝えしてきましたが、この章からは、もう一歩進んでいきます。

「この人、やっぱりいい人だ」と確信してもらえるような、2回め以降の対面における雑談の仕方です。もちろん、初対面においても大いに参考になると思います。

相手に気に入ってもらえたら、その人との親交は継続されていきます。

「あなたと話していると、不思議と元気になるし気持ちがすっきりする」

そう思われたら、あなたは間違いなく「感じのいい人」です。

雑談上手になるワンポイント

必要以上にうるさい明るさではなく、落ち着いた朗らかさで、明るい雰囲気づくりを心がけましょう。

雑談が上手な人は、

話がシンプルで30秒以内に終わる

雑談の上手い人は、伝えたいコトを、最初に言います。
雑談の下手な人は、伝えたいコトが不明です。

雑談の上手い人は、会話に「区切り」があります。
雑談の下手な人は、終わりが見えません。

雑談の上手い人は、「もう少し話したいな」と思わせます。
雑談の下手な人は、「もう結構です」と思われます。

なぜでしょうか。
雑談の上手い人は、短い言葉のほうが相手の心に印象づけられることを知っているからです。

テレビや新聞、雑誌などで見かける「キャッチコピー」は、短いですよね？

企業の求人広告原稿も、冒頭のキャッチコピーはほとんどが20字を超えません。

その後に続く本文を読んでもらうために、まずキャッチコピーで気持ちをそそるわけです。

それだけ短くて魅力的な言葉には、人の心をグッとつかむ力があるのです。


雑談も同じです。

誰からも好かれ、知らず知らずのうちに人脈が広がっていく人は、話がシンプルです。

そこには、ある共通点があります。

伝えたいことを、最初の段階で、短く言いきるところです。

「うれしいです！　またお会いできて」

「よかった！　お元気そうで」

「とんでもなく忙しそうですね！」

会話のキャッチコピーとなる部分ですね。

活字ではないので、心を込めて言うことが大切です。

すると、相手はその後の話（本文）を気持ちよく聞いてくれます。

感じがいいあなたの話に、興味がわくからです。

その後ももちろん、コンパクトに話していくことがポイントとなります。

誰にとっても、話は短いほうがわかりやすいものです。

雑談の下手な人は「〜で」「〜っていて」が多く、ダラダラ話すため「あの人の話はわかりづらい」と思われます。


伝えたいコトをシンプルに言い終えたら、そのまま話を繋げていきますが、このとき雑談の上手い人は、ところどころに「区切り」をつけて会話を手短かにします。

例えば、こんな感じです。

「うれしいです、またお会いできて。前回お会いしたのは……昨年の秋でしたね。寒くてたしかコートを着ていたような気がします。月日の経つのは本当に早いですね。もうすっかり春ですからね」

これを普通のスピードで読むと、約15秒です。

相手の目を見ながら「区切り」を意識して少しゆっくり話すと、20秒くらいになります。

「仕事関係の人でも友人でも、たわいない話をして楽しいと思う人にはリズムがある。1つの話に30秒はかかっていないね。実に気持ちがいい。楽しいからあっという間に時間がすぎて、もう少し話をしていたいと思うものなんだよ」

こう話すのは、最先端の分析技術で有名な会社の取締役、50代半ばの男性です。

さすが職業柄、30秒以内とは分析しています。

彼の話はいつもシンプルで、わかりやすかったのを覚えています。

こうも言っていました。

「大人が集まる場所ほど、ダラダラしゃべられたら『早く終われよ』と誰もが思うよ。複数でいるときにがまんして聞けるのは、やっぱり30秒。それぐらいが限界だよ」

要は、話を30秒以内で終わらせれば、その後、一緒にいる人たちとの会話のキャッチボールで、その話が発展する可能性があるということ。

発展しなかったら、それはそれで次の話題へ切りかえればいい、ということだそうです。

「シンプル イズ ベスト」とは、まさにこのこと。

手短かだからこそ、雑談は楽しいのです。

話は30秒以内で終わらせることが、理想だということです。

雑談上手になるワンポイント

雑談の話題は、30秒以内に終わらせることを目安にしましょう。

雑談が上手な人は、

そわそわせずに落ち着いて話す

雑談の上手い人は、ゆっくり話して相手に惹かれます。
雑談の下手な人は、まくしたてて相手に引かれます。

雑談の上手い人は、深呼吸1回分の「間」を入れます。
雑談の下手な人は、超特急のようになります。

雑談の上手い人は、どんな状況でも冷静です。
雑談の下手な人は、テンパります。

なぜでしょうか。
雑談の上手い人は、肝が据わっているからです。
何が起きても、慌てたって仕方がないとわかっているのです。

「急がば回れ」と言うではありませんか。

「急ぐならば危険な近道よりも、遠回りしてもいいから安全な道で確実に行きなさい」というのが本来の意味ですが、雑談においても慌てないで話したほうが、結果的に感じのいい印象を持たれます。


特に出だしをゆっくりすると、その後が楽になります。

落ち着いて話すことができるので、冷静さを保てるわけです。

話のスピードは、相手が聞き取りやすい速さが目安となります。

具体的には、アナウンサーやニュースキャスターを参考にするとよいでしょう。

意外とゆっくり話しています。


よく、1分間に300文字などと聞きますが、プレゼンではないので数まで意識する必要はありません。

「いつもよりちょっとゆっくり話してみよう」と心がけるだけで、落ち着いた雰囲気になり、そのうちに聞き手はあなたに惹かれていくはずです。

そして話の途中に「間」を入れると、相手はさらに聞きやすくなります。

「間」とは、風景のようなものだと私は思っています。

新幹線で例えると、「のぞみ」は最速なのでとっても便利です。東京から新大阪まで2時間半で着きます。でも、トンネルを抜けた後の風景を味わうことはできません。

人によっては、速すぎるゆえの振動が身体に圧迫を与え、目的地に着くころにはドッと疲れてしまうこともあります。

それに比べて「ひかり」は新大阪まで約3時間。のぞみより30分ほどゆっくりだけど、その分「あんなところに○○会社の看板がある」という思わぬ発見もできます。振動も「のぞみ」より少ないので、快適に新幹線からの風景を楽しめるのではないでしょうか。

雑談の下手な人は、まくしたてます。

超特急で話し続けるため、聞き手は防音壁にさえぎられているかのようになります。

そのため、相づちを入れるタイミングも、話の内容を楽しむ余裕もなく疲れていきます。

適度な「間」を入れないと、聞き手から引かれてしまうわけです。

日本最大級のISO研修機関で長年講師をしていた男性が、「間」のとり方について次のように教えてくれました。

「大きな深呼吸1回分だと思っておくといいよ」


講義のはじめに必ず雑談を入れるという彼は、あえて深呼吸を途中に入れて、参加者が反応をしやすくしていたとのことです。

「ここに来るときに虹が見えてね、ずいぶんきれいで驚いた。いや〜立派な虹だった」

ここで大きく1回、深呼吸をします。

すると「へえー、知らなかった」「私も見ました」という声が返ってくる。

彼らの反応を確認してから、「たまには空を見上げてごらんなさい」「見た人は今日のラッキーマンだね」と話を続けていくのだそうです。

きっと、人気講師だったに違いありません。


雑談の上手い人は、年齢に関係なく落ち着いた雰囲気をかもし出しています。

社会的に立場の高い人や憧れの異性と話すときでも、常に冷静です。
雑談の下手な人は、緊張が膨張してテンパります。

とはいえ、同じ人間です。
雑談の上手い人だって、内心ドキドキなときがあるはずです。
実は緊張度数がマックスだったりしているのかもしれません。
それでも冷静に見えるのは、どんなときでも動揺しないように心がけているからです。
それが「肝が据わっている」ということに直結しているのだと思います。
落ち着いている人は、すてきに見えるものです。

雑談上手になるワンポイント

どんな人と話すときも、そわそわしないように心がけてみましょう。そうすればきっと、慌てないで落ち着いて話すことができるはずです。

雑談が上手な人は、

失敗談を入れつつ謙虚な姿勢で話す

雑談の上手い人は、プライドよりポリシーを大切にします。
雑談の下手な人は、プライドが邪魔をします。

雑談の上手い人は、感謝の気持ちが継続します。
雑談の下手な人は、一時的な「ありがとう」で終了します。

雑談の上手い人は、恥を笑いに変貌《へんぼう》させます。
雑談の下手な人は、恥をかいて失望されることを恐れます。

なぜでしょうか。
雑談の上手い人は「偉い人ほど腰が低い」ことを知っているからです。

ペコペコと頭を下げるような、必要以上の控えめさを言っているのではありません。

雑談の上手い人は、偉ぶった態度を決して感じさせないということです。


成功し続けている人は、本当に謙虚です。

自分の能力におごることなく、誰に対しても優しく接します。

そこには、近づきにくいと思われないようにという配慮と、周囲に劣等感ではなく希望を与えようとする考慮を感じます。


「能ある鷹は爪を隠す」とはよく言ったものですが、この「爪」を「プライド」に置き換えてみると、真の謙虚さが見えてきます。

「能ある鷹はプライドを隠す」

そうです。雑談が上手く、成功している人は、自尊心をむき出しにはしません。

もちろん厳しい世の中を渡っていくには、プライドは必要です。

でも、それは自分自身の中で秘めておけばいいことだとわかっているのです。

それよりも、ポリシーを重視します。

「自分はこうありたい」という未来に向けての強い思い、目的に向かうための方針を、常に持っています。そしてそれを、雑談の中に自然に取り入れていくのです。

「今月から1時間早起きをして、近所を走っているのです」

「1時間って結構きついですよね。何か目的があるのですか？」

「実は、秋に開催されるフルマラソンに挑戦しようと思って。なんでもそうだけど、結局最後は精神力。少しでも自分をストイックに追い込んでいるわけです」

このような前向きな姿勢が真の謙虚さを感じさせ、共感する人が周りに集まって来るのではないでしょうか。

雑談の下手な人は、過去の栄光にとらわれすぎてしまうため、どこか偉ぶっているように見えるときがあります。プライドが邪魔をしてしまうのですね。

相手を上から目線で見てしまうから、雑談が説教じみることがあります。

感謝の気持ちも一時的になりやすく、そうなると知らず知らずのうちに人は離れていくのです。

雑談の上手い人が言う「ありがとう」には、心が感じられます。
今があるのは、自分ひとりの力だけではないことをわかっているからです。
小さなことでも、してもらったことを当たり前だとは思いません。
それゆえ、感謝の気持ちが継続するのです。

そして雑談の上手い人は、自分の失敗談を話して場をなごませようとします。
今でもよく聞くのは「時間の勘違い」です。

「いや〜今日は冷や汗をかく出来事があってね、取引先と14時に会う約束を午後4時だと思い込んでいたんだ。『20分待っても来ない』という電話が会社にかかってきて、慌てて手帳を見たときは青ざめたよ。汚い字で小さく14時って書いてある。ドラマの刑事のように猛スピードで会社を飛び出したよ（笑）」

「うわー、それは大変でしたね。○○さんでもそんなことがあるのですね」
「友だちと口約束のときなんて、13時か3時かわからなくなってしまうことがあるよ（笑）。午後1時とか午後3時とか、時刻の区分をつけて確認しないとダメだねえ」

このようにあえて失敗談を入れると、堅い空気がやわらぎます。
完璧な人間はいません。
それゆえ、恥はその人の人間味となって、聞き手に安心感を与えるのです。

雑談上手になるワンポイント

時々失敗談を入れてみましょう。そうすれば、謙虚な姿勢が相手に伝わります。

雑談が上手な人は、

とにかくポジティブな気持ちで話す

雑談の上手い人は、相手を認める言葉をかけます。
雑談の下手な人は、高圧的な語尾を使います。

雑談の上手い人は、素直にエールを送ります。
雑談の下手な人は、悔しさが先行します。

雑談の上手い人は、物事を良いようにとらえています。
雑談の下手な人は、物事を悪くとらえがちです。

なぜでしょうか。
雑談の上手い人は、100パーセント「プラス思考」だからです。

認めらてうれしくない人はいません。

自分を必要としてくれていると感じたら、自信がつき、やる気も出ます。

それをわかっているから、雑談の上手い人は認める言葉をかけて相手を元気にさせます。


「いつもがんばっていますね」

「この店の料理、おいしいですね」

「楽しいですね」


このように言われたら、純粋にうれしいですよね？

雑談の下手な人は、プレッシャーを与えるような言い方になります。


「がんばっていますかー」

「おいしいですかー」

「楽しいですかー」

誘導尋問とまではいかなくても、語尾に圧力を感じるため、相手は「イエス」と言わざるをえなくなります。「最近がんばれなくて」「ちょっと味が濃いかも」「まあまあ楽しいです」なんて答えたら大変なことになりそうだと思うからです。

たった1つの語尾が、受け取る印象の明暗を分けてしまうのです。

気をつけましょう「ザ・語尾」です。

雑談の上手い人は、素直に相手を応援します。

仕事、勉強、スポーツ、家事、育児など一生懸命な人に「応援しています」と言います。「応援しています」という言葉は短くても、相手を励まし勇気を与える力があります。

それゆえ、相手にうれしいことがあったときは「よかったね」と、心から言います。喜びをともに分かち合うため、雑談もパワフルになります。

雑談の下手な人は、相手のハッピーを喜べません。

心のどこかにジェラシーが潜んでいるからです。

悔しさが先行してしまうため、成功していく人に「よかったね」というひと言さえ、発することに抵抗を感じます。

結果、雑談は味気ないものになっていきます。

雑談の上手い人は、相手の活躍を励みに「自分もがんばろう」と考えます。

そこには、ジェラシーではなく「意欲」があります。

相手を応援して、自分自身をも応援しているのですね。

この部分が、成功していく人としない人との境界線のような気がしてなりません。

成功する人は、何事に対しても、超がつくほどプラス思考だといえます。

雑談も、常に前向きです。

相手の話す出来事一つひとつに対して、すべていい方向にとらえられるからです。

「実はちょっと体調を崩して休んでいたのです」

「あらら、大変だったのですね。それはきっと神さまからのお休みのプレゼントですね」

「今日は仕事で失敗してしまって、かなり落ち込んでいます」

「大丈夫！　成功している人って、失敗しながら進化するものです。今日新たに生まれ変わったと思って、明日からがんばって」


こんな感じで、マイナス気味になりそうな話は前向きに変換しましょう。

かくいう私も、年に1回はズドーンと落ち込むときがあります。

そんなときは、ひとり雑談をして自分で自分を励まします。

「ドンマイドンマイ。今日より明日、明日より明後日、明後日より未来！」

あくまでも「雑談は楽しく」です！

雑談上手になるワンポイント

日々、ポジティブな姿勢でいることを意識して話しましょう。

雑談が上手な人は、

感情的にならず不快感を与えない

雑談の上手い人は、反論しません。
雑談の下手な人は、反撃してきます。

雑談の上手い人は、呼吸が安定しています。
雑談の下手な人は、鼻息が荒くなります。

雑談の上手い人は、メンタルがバランス型です。
雑談の下手な人は、メンタルがガタガタです。

なぜでしょうか。

雑談の上手い人は、感情をコントロールしているからです。

雑談の上手い人は、うれしい、楽しいという「プラスの感情」は、本能のままストレートに伝えます。

失礼だ、ムカつくという「マイナスの感情」は、理性で抑えます。

そのため、雑談の上手い人は、反論することがありません。


感情という性質は、実に不思議です。

豊かに働けば、人を惹きつける魅力になります。

乏しく働けば、人を避難させてしまいます。


前項でも述べたように「雑談は楽しく」です。

気まずくならないような雰囲気をつくり、相手との距離を近づけていくためのやりとりの段階で、感情的になるのは残念すぎます。

わざわざ悪い方向へと持っていくのは、もったいない限りです。


雑談の下手な人は、マイナスの感情もストレートに出します。

そのため、顔色を変えると同時に怒りをあらわにすることがあります。

「失礼だ」「そんな話は聞きたくない」

何が気にさわったのか価値観の違いなのか、相手のことをまだよく知らないのに途中で反撃してきます。そんなことをするから、一瞬で嫌な空気が流れ始めます。

結果、周囲から「感じ悪い」「短気な人だ」というレッテルを貼られてしまいます。

本当はいい人なのかもしれません。たまたまこの日、機嫌が悪かったのかもしれません。極度の空腹だった可能性だってあります。

それでも、よほど理不尽なことでない限り、人を不快にすることは避けるべきです。

雑談の上手い人は、乱れがない心電図のように、呼吸が安定しています。

数年間、私の担当美容師だった男性はいつも穏やかで、スタッフを叱る姿を見たことがありませんでした。

「怒ったってしかたがないでしょう。それで状況が変わるなら別だけど、返って逆効果になると思う。それなら、いつもと同じトーンでアドバイスをしたほうが、チームワークは上手くいくし、スタッフのモチベーションも上がるよね」

そう話す彼は、当時28歳。その若さですでに悟っていることに、頭が下がりました。思い起こせば、ソフトな外見からは想像できないほど情熱にあふれている人でした。希望する美容室に足を運んで切願し、憧れている外国の美容師がいたらどうしても会いたいと言って、言葉の心配もよそに現地へ飛んで行く。

そんな前向きな熱い思いが、彼を成功へ導いたのだと確信しています。

現在は30代。結婚して、あえて競争率の高い土地に自分の店をかまえ活躍しています。

「相変わらず、怒ることはないの？」

「ないですねえ。でも家では奥さんに怒られてばっかりです（笑）」

座布団1枚、あげたくなりました。

このように雑談の上手い人は、情熱家でありメンタルのバランスもとれているのです。

雑談の下手な人は、感情のコントロールができていないからアンバランスなわけです。

もし、あなたが話の途中で鼻息荒く否定をされたとしたら、素直にすぐ謝りましょう。

悔しくても大丈夫。周りの人は、わかっています。

「感情的になったほうが負け」とは本当です。

社会で生きている以上、よい出会いとチャンスに恵まれていくためには、決して感情的にならないことがポイントです。

その分、人を惹きつけることに感情を使ったほうが、より人生が豊かになるはずです。

雑談上手になるワンポイント

普段から感情的にならないように意識しましょう。相手に不快感を与えないようにすることは、雑談における最低限のマナーだといえます。

第 5 章

相手に好きになってもらう雑談の仕方

「また会いたい」と
思ってもらえることを重ねていけば、
愛される人になっていきます。

雑談が上手な人は、

「また会いたい」と思ってもらえる

雑談の上手い人は、ストライクゾーンに入っていきます。
雑談の下手な人は、場外に飛んでいきます。
雑談の上手い人は、刺激を与えます。
雑談の下手な人は、味気がありません。
雑談の上手い人は、また会いたいと思わせます。
雑談の下手な人は、すぐに忘れられます。
なぜでしょうか。
雑談の上手い人は、ディープな余韻に浸らせるからです。

恋愛で人を好きになるときは、それぞれタイプというものがあります。

「細身がいい」「ぽっちゃりがいい」「可愛い系」「きれい系」「ワイルド系」「王子さま系」よくいう「ストライクゾーン」です。

これに好みの性格がマッチしていたら、言うことなしになりますよね。


ところが、人が人間として人を好きになる場合はどうでしょう。

タイプがないのです。というより、好みのゾーンは1つだけとなります。

ということは、誰もがそこを目指せば、好きになってもらえるということです。


考えてみれば当たり前のことかもしれません。

「どんな人間が好きなタイプ？」とは聞きません。

人が、人として好きになるのは体型でも顔立ちでもありません。

間違いなく「魅力的な人間性」です。お金があるとかないとかも関係ありません。

人間として魅力がある人が、誰にとってもストライクゾーンなのです。

その魅力は、雑談中に現れます。

予想以上のリアクションや、「まさかこの人がそんなこと言うなんて」という意外性です。

ギャップがあると、それはとんでもない魅力となって相手を刺激するのです。

大げさに言うと、ちょっとしたカルチャーショックのような感じです。

ショックは余韻として、相手の心に残ります。

頭から離れないリズムのように「またそのショックを味わいたい」と思います。

こうして人は、人を好きになっていくのです。

そのため雑談の上手い人は、自分から何も言わなくても、相手から「会いたい」と言ってもらえるわけです。「また会いたい」と思ってもらえたら、しめたものです。

雑談上手になるワンポイント

予想以上のリアクションや意外性を出してみましょう。

雑談が上手な人は、

オーバーリアクションでほどよい「間」をつくる

雑談の上手い人は、顔の筋肉をふんだんに使います。
雑談の下手な人は、鉄仮面になります。

雑談の上手い人は、声のトーンが変わります。
雑談の下手な人は、棒読みになります。

雑談の上手い人は、感嘆詞をよく使います。
雑談の下手な人は、そうカンタンに使おうとしません。

なぜでしょうか。
雑談の上手い人は、テンションの高い反応が、相手を喜ばせることを知っているからです。

リアクションの大きな人は、人気があります。

例えば、バラエティー番組のメイン司会者としても活躍しているバナナマンの設楽統《したらおさむ》さん。

黙って立っていたら大人しい印象を受けそうですが、彼のリアクションはとても魅力的で理想といえます。


「へぇー、知らなかったなぁ」

「あ、そっかそっか、そうなんだー」

「うっわー、これはおいしい！」


目を大きくしたり眉毛を動かしたり、顔の筋肉をたくさん使って表情豊かに反応します。

うなずくときも、首を大きく上下に振ります。

視聴者へのサービスもあるかもしれませんが、設楽さんならではの人柄を感じます。

雑談の下手な人は、無表情です。

何を考えているのかわからなくなります。

相手が負担にならないお菓子など、ちょっとしたプレゼントを差し上げたとしましょう。

たいていは「どうもありがとう」と言ってもらえます。

このとき、相手が笑顔もなく鉄仮面のように答えたら、疑問が生じます。

本心は違うのでは？　甘いものは苦手だったかな。

もしかしたら、おみやげ自体が迷惑だったのかもしれない……。

よけいな心配を誘います。


しかし実際には、たとえ100円のプレゼントでも、もらってうれしくない人はいません（と、私は思っています）。

心はうれしくても、感情を表現するのが苦手なだけなのだと、信じています。

そのため、誤解されるのはもったいないことです。

何も、全身でリアクションすることはありません。

無駄な動きをして不審に思われても大変です。

リアクションで悩んでいる人は、いつもより顔の筋肉を使うことを意識してみる。

そこから始めてみませんか?

そして、笑顔で「ありがとう」を言えば大丈夫です。

一方、話し手はリアクションが少ない人に対して、あまり気にしてはいけません。

つい「聞いている?」と言いたくなってしまう気持ちはわかります。

でも、本人には自覚がなく、普通に楽しく会話をしているつもりかもしれません。

だいぶ遅れてからリアクションしてくる可能性だってあります。

そんなときは、笑顔で「○○さんはこの話、知っていた?」と聞いてみたり、その人の話題に切りかえてあげましょう。

そんな心づかいができるのも、雑談の上手い人だからこそです。

雑談の上手い人は声のトーンが変わります。

いつもより半オクターブは上がります。

「日帰り温泉に行って来たので、○○さんにお饅頭《まんじゅう》を買ってきました」

「おおー、ありがとう～」


「○○さんの応援している野球チーム、昨夜も勝ちましたね」

「そ～なんですよ！　今朝から気分はサイコーです」


頭のてっぺんから声を出しているような人もいて、思わず笑いそうになりますが、喜びが伝わってくるのでうれしくなります。


さて、何かに気づきませんでしたか？

そうです。感嘆詞です。

雑談の上手い人は、リアクションの最初に感嘆詞を使って感情を伝えます。

「へぇー」「うわー」「あらー」「えぇー」「おぉー」「ひゃー」「ありゃりゃ」

うれしいとき、飲み物や食べ物がおいしいとき、知らなかったことを教えてもらったとき、どんどん使いましょう。感嘆詞をつけるだけ。カンタンなことです。

感嘆詞というのは便利なことに、「間」の役割をしてくれます。

前章で述べたように、「間」は話を聞き取りやすくします。

「へぇー」「うわ～」が、深呼吸1回分の「間」となるわけですね。

沈黙とは違うのですから、聞き手にとって大きな深呼吸の間は大歓迎です。

リアクションは大きいほうが喜ばれます。

そして、大きければ大きいほど、ほどよい「間」となってくれるのです。

雑談上手になるワンポイント

さりげないオーバーリアクションで、相手の心を揺さぶり、感動の深さを伝えましょう。

雑談が上手な人は、

意外な一面を見せてギャップ感を演出する

雑談の上手い人は、お茶目です。
雑談の下手な人は、おかめにもなれません。

雑談の上手い人は、おっちょこちょいが愛嬌です。
雑談の下手な人は、すっとこどっこいになります。

雑談の上手い人は、可愛げがあります。
雑談の下手な人は、儚《はかな》げすぎます。

なぜでしょうか。
雑談の上手い人は、意外性のある発言が相手と急接近させることをわかっているからです。

成功している人は、雑談の中で「素」をのぞかせます。

周囲に「えぇーっ！」と思わせるような、まさかの意外性を開放します。

これは、表と裏の顔があるとか、二重人格とは違います。

元々が人工的ではなく、天然。自然現象として起きた意外性です。

その自然現象を何度も繰り返しているうちに、意識しなくてもギャップ感を出すことが身についていったのです。


人は、ギャップに弱いものです。

頑固そうに見える人が素直に謝ったりすると、可愛いところがあると思われます。

貫禄があって強面の人が、語尾に「なんちゃってね」と言うだけで、まさかの茶目っ気を感じます。

冷静沈着な人がテーブルの角に激しく体をぶつけて「くっそー、イッツー（痛い）」と叫んでいたら、愛嬌を感じます。この「まさか」現象は、プラスに働く強烈なインパクトとなり、好きという感情に直結していきます。

「そうくるとは思わなかった」という驚きが、本能的に「好き」となるのです。

雑談の下手な人は、相手に福をもたらすことができません。

最近は、やる人が少なくなったようですが、お正月の遊びに「福笑い」があります。

目隠しをして、おかめの輪郭に顔のパーツを置いていくゲームです。

元々おかめとは京都の大工さんの妻で、実在した人物のようです。夫に適切なアドバイスをして建築の仕事を成功に導いた女性、今で言う「あげまん」ですね。

そんな言い伝えから縁起モノとなり、年の始めにするゲームとなったのかもしれません。


話を戻します。

要するに、ギャップには笑いを誘う効果があるということです。

先に述べた例をもう一度、思い出してみてください。

頑固そうな人が素直にごめんなさいと言ったり、怖そうに見える人が「なんちゃってね」とおどけたり、いつも落ち着いている人が「くっそー」なんて叫んだりしたら、思わず笑ってしまいますよね。

これらは「可愛げ」です。誰にでもどこかに潜んでいるはずの要素です。

雑談の上手い人は、この可愛げを開放するのです。

可愛げは、披露したほうが周りは喜びます。

「この人にも自分と同じところがあったのか」と安心するからです。

ただ、気をつけなくてはいけないのは、普段と違う一面でなければ逆効果になります。

いつもおっちょこちょいな人が同じことを繰り返していても、印象は変わりません。

それはただの「すっとこどっこい」です。


よほどのことがないと惚《ほ》れないという男性が、ある女性が発したひと言で思いっきり好きになってしまったことがありました。

女性は、真面目でいつも丁寧な言葉づかいをする人です。

黙っていると、人によっては近寄りがたく見えてしまうときがあるのかもしれません。

そんな女性が彼に「ありがとう」を伝えるとき、「トムサンクス」と言ったというのです。


わかりますよね？　世界的に有名なスター「トム・ハンクス」さんと、ありがとうの

「サンクス」をかけています。

まさかのキュートな言動が、惚れにくい男性の心を動かしたのです。

このように、普段の姿からはとても想像できないような意外性は、プラスに働くギャップとなり、相手へ急接近します。

しっかりしている人が見せる、まさかのおっちょこちょい。

怖そうな人が見せる、まさかの茶目っ気。

真面目そうな人が見せる、まさかのキュートな言動。

誰にでもどこかに必ず潜んでいるはずの「まさか」。これこそ意外性です。

雑談上手になるワンポイント

「意表をついたひと言」で意外な一面を見せて、ギャップ感を演出してみましょう。

雑談が上手な人は、

「思わせぶりな言葉」で相手の気を引く

雑談の上手い人は、「会えてうれしい」と言います。
雑談の下手な人は、口先人間だと疑われます。

雑談の上手い人は、告白します。
雑談の下手な人は、蒼白になります。

雑談の上手い人は、「もしも説」をします。
雑談の下手な人は、「もしもし?」と心配されます。

なぜでしょうか。
雑談の上手い人は、相手の心をズキューンと射止める言葉を知っているからです。

雑談の上手い人にとっての「思わせぶりな言葉」というのは、本心だから口にするものです。本当にそう思ったから言うのです。

なぜなら、お調子者ではないからです。

口先人間は見抜かれるということを、しっかり把握しています。

銀座のママや人気ホステスはほめ上手です。

でもそれは、本当にそう思っていることが伝わるから、お客さまの心をつかむのです。

その証拠に、誰かれかまわずほめているわけではありません。

へんてこなネクタイをしている男性に「まあすてきなネクタイですね」とは言いません。

おべんちゃらを言ったところで、同席している人や周りにいるお客さまにバレバレだからです。

それより、会いたかったことを伝えます。

久々に会えてうれしい、という気持ちは本当だからです。

人気のないホステスは、心にもないことを言うのでぎこちなく聞こえてしまいます。

結果、誰にでも同じことを言っているという疑惑が浮上し、「また会いたい」とは思ってもらえません。

くわえて、雑談の上手い人は正直に尊敬の意を伝えます。

相手の年齢に関係なく「すごいですね、心から尊敬します」と言います。

繰り返しますが、成功した人は謙虚です。

自分がすでに成功していても、上には上がいることを知っています。

さらなる飛躍を目指すため、すごいと感じた人が目の前にいるだけで感動するのです。

そして「憧れています」と告白します。

この言葉は、特に同性の心をズキューンと射止めます。

告白は、何も恋愛感情だけに限ったことではありません。

同性から好かれるということは、異性からも好かれるということです。

ほとんど男性ファンばかりだった女性アイドルが、「大人になってから女性ファンが増えてうれしい」と喜んでいる声をよく耳にしますよね。

逆もまた同じです。

女性は女性としての、男性は男性としての本来ある魅力に、さらなる人間としての味が加わって、同性の支持率が上がるのではないでしょうか。


そして雑談の上手い人は、「仮説」を加えます。

例えばこんなふうにです。

「○○さんのこと、憧れています。私がもしも男性だったら、絶対彼女にしたいです」

「○○さんのこと、憧れています。僕がもしも女性だったら、絶対彼氏にしたいです」

どうでしょうか。

たとえ「もしも説」だとしても、こんなことを言われたらちょっとうれしいですよね?

雑談の下手な人は、憧れの人がいると、たとえ同性でも緊張して顔面蒼白になります。

仮説どころではなく「もしもし、大丈夫?」と心配されます。


かっこいいな、すてきだな、自分もあんなふうになりたいな、と思ったら相手に伝えてみることです。勇気を出して「憧れています」と言ってみましょう。

「それじゃ今度、飲みに行きましょうか」と、思いがけない誘いに繋がるかもしれません。

先にも述べましたが、本当に思っていることが大切です。

誰かれかまわず、心にもないことをうっかり言って後悔しても、後の祭りです。

特に、雑談の上手い人に社交辞令を言っても見抜かれますので気をつけましょう。


本当に思うから、その思いを伝える。

そうやって人として可愛がられながら、成功に向かって進んでいくのだと思います。

そして願いがかなう頃には、あなた自身が誰かに「憧れています」と告白されるのです。

雑談上手になるワンポイント

尊敬する憧れの人に、「思わせぶりな言葉」をかけてみましょう。特に同性の心を射止めるのに、効果があります。

雑談が上手な人は、

相手をとことん ほめたおす

雑談の上手い人は、相手の中に「ヒーロー」を見つけます。
雑談の下手な人は、悲劇のヒロインになります。

雑談の上手い人は、「おあずけ」をします。
雑談の下手な人は、すぐに教えます。

雑談の上手い人は、ほめちぎります。
雑談の下手な人は、契《ちぎ》りを交わせません。

なぜでしょうか。
雑談の上手い人は、「最高のワクワク感」をプレゼントするからです。

「最高のワクワク感」とは、なんだと思いますか？

それは、思いがけずもらったギフトのリボンをほどいていくときの感情に似ています。

「まさかプレゼントがもらえるなんて」「いったい何が入っているのだろう」

胸の鼓動が高鳴り始め、開けてびっくり、気に入ったモノならハイテンションになります。


雑談も同じです。

誰にも言われたことがないようなことを言ってもらえたとき、気持ちが高揚します。

恋人同士が交わす天にも昇るようなラブラブトーク以外の、ワクワクを感じる言葉は、これにつきます。

「◯◯さんって、アレに似ていますね」

ポイントは「似ています」と断言することです。

そして、何に似ているかはすぐに教えてはいけません。

アレという「おあずけ」にします。

雑談の上手い人は「おあずけ」をすることによって、ワクワク感を与えるのです。

「○○さんって、アレに似ていますね」

「え？　アレって、誰？」

「アレですアレ。えーっと、思い出すので待ってくださいね」

「えー、誰だろう……芸能人？」

「違います、アニメのヒーローです」

「えっ、アニメ？」

相手の胸の鼓動は高まり始めています。

ギフトのリボンをワクワクしながらほどいているのです。

「まさか自分がアニメのヒーローに似ているなんて」「いったい誰だろう」

そして次の瞬間、うれしくてハイテンションな相手を見ることができます。

「思い出しました！　ケンシロウ！」

「えっ！　ケンシロウって、北斗の拳の？」

「そうです、北斗の拳のケンシロウ！」

「うわー、それはうれしいなぁー」


そして雑談の上手い人は、さらにほめちぎります。

「ケンシロウ、かっこいいですよね。顔の輪郭も含めて、○○さん雰囲気そっくりですよ」

「そっかー、じゃあもっと筋肉をつけないといけないね（笑）」

「そういえば昔、キン肉マンっていうアニメありましたね」

「あったあった」

話は盛り上がり、アニメ同好会のような結束が生まれそうです。

雑談の下手な人は相手の特徴を見つけようとしないので、ありきたりな質問になります。

「芸能人で誰かに似ているって言われませんか？」

これは危険です。

もし相手が答えられなかったら、しらけて終わってしまいます。

そして、その場を取りつくろうように無理をして、似てもいない俳優の名前をあげ、抜け出せないドツボへとハマっていくのです。

結果、共感する同好会の契りは何も交わせません。

俳優やタレント、スポーツ選手など著名人に似ている人はたくさんいます。

誰が見てもAという俳優に似ているなら「俳優のAさんに似ていますね」と言えばいいのです。そこから、映画やドラマの話に発展していく可能性があります。

似ている人が見つからないときは、アニメの世界を思い起こしてみてください。

顔だけにこだわることはありません。イメージでいいのです。

真っ赤なネクタイをしている人なら「ルパン三世」、髪がツンツン立っていたら「ドラゴンボールのスーパーサイヤ人」、「ワンピース」に出てくるキャラクターからでもいいと思います。

ゲームの世界なら「ファイナルファンタジーⅧのスコール」「ストリートファイターの

リュウ」あたりでしょうか。

女性なら、ヘアースタイルや輪郭の特徴から探してみるといいでしょう。「タッチの南ちゃん」「セーラームーン」「銀河鉄道999のメーテル」、シンデレラや白雪姫など「ディズニープリンセス」の中からも浮かんでくるかもしれません。

雑談上手になるワンポイント

人には必ずどこかに特徴があります。その特徴を、マンガやアニメなどのヒーロー・ヒロインから探してみましょう。そして、とことんほめてみてください。

雑談が上手な人は、

数字で強烈なインパクトを与える

雑談の上手い人は、ゾロ目にこだわります。
雑談の下手な人は、数字を気にしません。

雑談の上手い人は、前のめりにさせる雑学を1つ持っています。
雑談の下手な人は、雑学に後ろ向きです。

雑談の上手い人は、心の「へえーボタン」を連打させます。
雑談の下手な人は、会話のボタンをかけ違えます。

なぜでしょうか。
雑談の上手い人は、数字を入れて、ワンランク上の存在感を与えるからです。

話しているコトを相手に伝えやすくするために、数字を入れるというのは「術」です。

次の話を聞いて、どちらが印象に残りますか？

「最近、寝る前に腹筋をしているんです」

「最近、寝る前に腹筋を１００回しているんです」


おそらく、ほとんどの人が後者を選ぶと思います。

回数を入れることによって、話し手の腹筋に対する思いが伝わってきます。

「１００回とはすごいですね」「自分は10回でヘトヘトですよ」

感心したり自分と比べたりしながら、筋トレの話で盛り上がりそうです。


それでは、次はどうでしょう。

「最近、寝る前に腹筋を１００回しているんです」

「最近、寝る前に腹筋を88回しているんです」


思わず「えっ？」と、聞き返したくなる後者が印象に残るのではないでしょうか。

なぜ88回なのか、不思議になりますよね？

「雑談の中に入れる数字はゾロ目がいい。覚えやすいから印象に残るでしょ。それに縁起がいいからね。特に88は末広がりが2つ並んで、さらなる繁栄を意味するらしい。だから腹筋も88回というわけ。この話をすると皆、『明日から僕も88回腹筋をします』と言うから面白いよね」

そう話すのは、建設関係のコンサルタントをしている男性M氏です。

ゾロ目は縁起がいいといわれます。

スロットマシンの「777」は大当たりを意味します。「銀河鉄道999」は大ヒットしたアニメです。車のナンバープレートも、自由に選べるようになってからは「3333」「5555」など、ずいぶんゾロ目を見かけるようになりました。

「今日もゾロ目の車を見ました、ラッキー」という声を耳にするくらい、世の中的にゾロ目は、幸運を運んでくれるものというイメージが定着しているのだと思います。

雑談の下手な人は、そんなことは迷信だと思っています。

数字にパワーがあることを、楽しもうとさえしません。

つまり、数字を気にしていないのですね。


そして、先のコンサルタントM氏はこうも言っていました。

「周囲が驚くような数字が入った話を1つ持っているといいよ」


ちなみにM氏は、お酒の席で必ず「オールドパー」の話をします。

「80歳で結婚をして、152歳まで生きたイングランド人のトーマス・パーを知っている？　長寿の秘訣は、野菜中心の生活と愛する人が側にいることだと言っている。有名なスコッチウイスキー「オールドパー」のラベルには、トーマス・パーの肖像画と生没年の年号が書かれているのですよ」


この話は意外と知られていません。ほとんどの人は、前のめりになって聞きます。

必ず「へぇー、知らなかった」という声が上がるので、皆さんも使ってみてください。

そしてもちろん、M氏が飲むお酒は「オールドパー」です。
152歳まで生きるそうです。

雑談の下手な人は、雑学は無駄なことだととらえがちです。
心の「へぇーボタン」を押すこともありません。
結果、相手との関係性もしっくりいかなくなります。

話しているコトを相手に伝えやすくするために、数字を入れるのは「術」です。
しかも、数字を入れるだけなので、カンタンな「術」だといえます。

雑談上手になるワンポイント

ゾロ目や数字を取り入れた話で、相手に強烈なインパクトを与えましょう。

第 6 章

相手を落とす雑談の仕方

相手を心から思う言葉は、相手に愛を与えます。
与えた愛は、最強の真の友となって
あなたへ戻ってきます。
愛の力こそ、雑談力だと言っても過言では
ないのです。

雑談が上手な人は、

相手に愛を感じてもらえる

雑談の上手い人は、居心地のよさを与えます。
雑談の下手な人は、疲れを与えます。

雑談の上手い人は、相手の心を動かします。
雑談の下手な人は、相手の心を離れさせます。

雑談の上手い人は、虜《とりこ》にします。
雑談の下手な人は、鳥のように飛んでいかれます。

なぜでしょうか。
雑談の上手い人は、「愛」で魔法をかけるからです。

前章では、人として好きになってもらうことについて説明しました。

今度は、相手のその気持ちがぶれないようにしなくてはなりません。

要は「落とす」のです。

「参りました」「完全に好きになりました」と思ってもらえたら、怖いものなしです。

人生の先輩からは、人として可愛がってもらえます。

人生の後輩からは、慕われます。

そのためには、どうしたらいいでしょうか？

それは、相手の心をつかんで離さないことです。


「生きていくためのコツは、愛と勇気と知恵よ」

そう教えてくれたのは、都心から少し離れた街の、フレンチレストランのマダムでした。

料理を運んでくるたび、お客さまと何かしら雑談をしてから厨房に戻ります。

とにかく明るいマダムで、一度会ったら虜になります。

フランス仕込みの味はもちろんのこと、人生相談をしにくるお客さまもいるほど、オープンして30年近く経った今でも人気です。

「愛」と「勇気」と「知恵」。

成功している人は、この3つを常に持っています。

そしてそれを、雑談の中で魔法のように相手にも与えているような気がしてなりません。

愛で居心地よくさせ、勇気を与えて励まし、知恵を伝えて相手を成功へと導く。

落ちないわけがありません。

もちろんそこには、本気の愛情があることが基本です。


雑談の下手な人は、愛がないので相手を疲れさせてしまいます。

当然、心を動かすことも、虜にさせることもできないのです。

雑談上手になるワンポイント

愛なしでは、人の心はつかめません。愛でＷｉｎ－Ｗｉｎを感じさせながら、相手を落としましょう。そうすればもう、あなたのシナリオどおりです。

雑談が上手な人は、

さりげなく「愛」という言葉を入れる

雑談の上手い人は、愛を注入します。
雑談の下手な人は、愛が不足しています。

雑談の上手い人は、愛を確認します。
雑談の下手な人は、未確認のままにします。

雑談の上手い人は、愛の倍返しをします。
雑談の下手な人は、何もしません。

なぜでしょうか。
雑談の上手い人は、最後に「愛」が勝つことを知っているからです。

愛にもいろいろあります。

恋愛、家族愛、動物愛、友愛、上司や先輩、後輩、周りの人への愛など……。

すべてをひっくるめると「人類愛」ということになります。

そのなかで、共通していることは、相手を大切に思う心です。


世の中は、愛であふれています。

しかしその一方で、愛を実感していない人が多くいることも事実です。

その証拠に、ヒットする歌や映画は、昔から愛がテーマになっているものが圧倒的に多いといえます。

それだけ人は愛に飢え、愛を必要としているのです。


雑談の上手い人は、感謝の気持ちを表すのに「愛」という言葉を入れます。

「抹茶のクッキー買ってきました」

「抹茶好きだから感激！　愛を感じるねぇ」

笑顔でさらっと言います。恥ずかしいとか、照れるとか、考えていません。

なぜなら、人類愛だからです。

雑談の下手な人は、恋愛でもないのに「愛」という言葉は使えないと思っています。ユーモアのセンスもないので、ちょっと愉快に「愛を感じるねえ」なんて言えません。普通に「ありがとう」「ごちそうさま」だけで終わります。

もちろん、それはそれでしっかりお礼を伝えているのですが、相手の心に愛は注入されません。

逆に、自分が相手におみやげを渡したときも同じです。

「ありがとう。うれしいです」と言われ、「……」。

相手にお礼を言われて満足するので、沈黙の笑顔だけで終わりがちです。

せめて「どういたしまして」と言えたら、心の距離が近くなるはずです。

雑談の上手い人は、愛のある反応をします。

「おみやげありがとう。うれしいです」

「よかった！　愛を感じた？」

笑顔でさらっと、愛を確認したりします。

すると「感じましたー」という答えが返ってきます。

そんなことを異性に言ったら、変に誤解されてしまうのでは？　と心配してしまう人がいるかもしれませんが、大丈夫です。

これは人類愛です。笑顔でさらっと言えば心配ご無用です。

しかし、恋心があってあからさまにジトーッと相手の目を見つめて真顔で「愛を感じた？」と言うようなら、それは逆効果になってしまうかもしれません。

そんなときは雑談ではなく、思いきって告白しましょう。

そのほうが、誠実な気持ちが相手に伝わると思います。

成功している人は、感動したことを愛情たっぷりに本人へ伝えます。

例えば、知り合いのある社長は、百貨店で商品を買うときの店員さんの対応がすばらしいと、必ず本人にこう伝えます。

「感じイイねえ。やっぱり女性は愛嬌だね」

「笑顔がとっても可愛いね」


気がつきましたか？　「愛嬌」「可愛い」の中に「愛」という字があります。

もちろん、本当にそう思ったから、この言葉を使って相手に伝えたのです。

よほどうれしかったのか、彼女は満面の笑顔でお見送りをしてくれました。


紳士服売り場の男性店員にも愛の言葉を使います。

「君、とても感じイイね。接客に愛を感じるよ」

うれしいですよね？　さらにやる気が出て、接客に磨きがかかりそうです。


このように雑談の上手い人は、自分から「愛」を捧げます。

そして次に行くときも、そのときの男性店員を指名して購入するそうです。

「愛の倍返し」ですね。

気に入った担当から買い物ができ、担当者にとっても自分の愛ある接客が上客獲得へと繋がっていくわけです。Ｗｉｎ－Ｗｉｎの絆は、愛があったからこそ成立したのです。「愛」は雑談やゼスチャーなど、コミュニケーションでこそ感じるものです。

雑談上手になるワンポイント

愛をもらってうれしくない人はいません。雑談に愛という言葉を入れて、相手の心をつかみましょう。

雑談が上手な人は、

相手を喜ばせることを大げさに言う

雑談の上手い人は、「生まれてはじめて」と言います。
雑談の下手な人は、「はじめて」とさえ言いません。

雑談の上手い人は、「さすが○○さん！」と絶賛します。
雑談の下手な人は、名前を入れません。

雑談の上手い人は「すごい」を連呼します。
雑談の下手な人は、マイナス言葉を連呼します。

なぜでしょうか。
雑談の上手い人は、どうすれば相手が「夢心地」になるかを知っているからです。

人は、相手に初体験を与えると喜びを感じます。

役に立てたことがうれしいからです。

そのとき、相手の喜び方が予想をはるかに超えていたら、自分の感動も倍になります。

その心理を、雑談の上手い人は知っています。

それゆえ、自分が初体験したときも、相手に喜びを豊かに表すのです。


例えば、人気の老舗蕎麦屋に連れて来てもらったとします。

「こんなにおいしいお蕎麦、食べたのは生まれてはじめてです」

「そうなの？　それはよかった」

「本当です。こんなのはじめてです」

相手は、予想以上に喜んでもらえたことに、「連れて来てよかった」とうれしさが増大するはずです。


雑談の下手な人は、感情表現が乏しくなりがちなので、大げさな表現はしません。

普通に「おいしいです」とだけ言います。

よほど大きくのけぞりながら「これはおいしい！」とでも表現しない限り、相手の感激度は上がりません。

機会があったらぜひ、「生まれてはじめて」と言ってみてください。

きっと、感激している相手の顔を見ることができると思います。

雑談の上手い人はさらに、相手の名前を入れて絶賛します。

ビジネススクールを立ち上げ、30年近く学校を存続させている女性経営者がいます。

講師や事務局のスタッフ、生徒、広告関連など、毎日多くの人と接しているため、日々誰かと会話をしています。

彼女は、人をほめるときに「さすが○○さん！」と言います。

「仕事が早いね、さすが○○さん！」

「今日の服はすてきね、さすが○○さん！」

「さすがです」と言われたら、男性でも女性でもうれしいですよね？

仕事なら、自分の能力を認めてもらえたのだと思い、ますますやる気が出ます。

身なりをほめてもらえたら、さらにお洒落のセンスに磨きがかかりそうです。

「さすが」という言葉に名前をつけると、ダイレクト感が発生します。

「あなたはとてもすばらしい」と言われているような感激を味わえるのです。

名前が、「さすが」をさらに強調するわけです。


雑談の下手な人は、名前を入れません。

もしかしたら「さすがです」という言葉もあまり使わないかもしれません。

第4章でも触れましたが、プライドが邪魔をするから、自分のレベルが下がるような気がして、「さすがです」と言うことに抵抗を感じてしまうのかもしれません。


さらにもう一つ、相手を感激させる方法があります。

それは「すごい」を連呼することです。

「すごいすごい！」「それはすごい！　すごいすごい！」

雑談の上手い人は、2回以上は言っています。

「○○君、アポとれた？」

「はい、1社とれました」

「えっ、とれたの？　すごいじゃない、すごいすごい！」


私はこのようなシーンを、数えきれないほど目のあたりにしてきました。

活躍している上司は、自分のことのように「すごい」を連呼してたたえます。

さらに、お客さまのためにもなり仕事の成果が出たときは、まるで日本シリーズで優勝した野球チームの選手たちがグラウンドにいっせいに集まって来るように、周囲の仲間もかけ寄り「おめでとう！　すごいよ、すごいすごい！」と、すごいこと（笑）になります。

「1社とは少ないじゃないか」などと、マイナス言葉を言われたら、「自分はダメなのか」と、言われた人は自信をなくしていきます。

「すごいすごい」と連呼されたら、うれしくてうれしくて最高にいい気分になります。

それだけ、言葉には人の心を動かすエネルギーがあるのです。

口にするのは大げさだと感じるかもしれません。

しかし、言われた人の喜びはとても大きく、「夢心地」な気分になると言っても過言ではないのです。

雑談上手になるワンポイント

相手を喜ばせることを大げさに言って、思いっきり感激させましょう。

雑談が上手な人は、

刺激的な言葉でドキッとさせる

雑談の上手い人は、小さな秘密を打ち明けます。
雑談の下手な人は、秘密主義です。

雑談の上手い人は、時おり人に頼ります。
雑談の下手な人は、誰にも頼ろうとしません。

雑談の上手い人は、殺し文句を言います。
雑談の下手な人は、決まり文句しか言いません。

なぜでしょうか。
雑談の上手い人は、相手の感情を刺激して「ときめき」を与えるからです。

胸が躍るようなときめきを感じるのは、恋愛だけではありません。

ふらっと立ち寄った店で、魅力的な腕時計を前にしばらく見とれてしまったり、ユーチューブで懐かしい曲を聴いたとき、思わず何度も再生してしまうのも「ときめき」です。


人は、モノや芸術、場所にも、ひと目ぼれをします。すてきなものはすてきなのです。

その対象が人であれば、ときめきがさらに大きくなるのは言うまでもありません。

相手の心をしっかりつかみ、期待や喜びでドキドキしてしまうことを、ここぞというときに伝えられたら、最強の友だちになれることは間違いなさそうです。

まして相手が異性なら「友だち以上恋人未満」の信頼関係を築くことができるでしょう。

恋人同士になる可能性だって、高くなります。


では、雑談の上手い人は、どんなふうに「ときめき」を感じさせるのでしょうか。

1つめは、ちょっとした秘密を相手に打ち明けることです。

「○○さんだから思いきって話すのだけど、誰にも言っていないことがあって」

相手は一瞬ドキッとします。

内容は……雑談とはいえ秘密ですから、割愛したいところですが、さしつかえないところでは「実は鉄道マニアなんです」とか「外国語を習い始めた」など。プライベートで密かに楽しんでいる内容が多いような気がします。

「あなただから思いきって話す」と言われたら、自分のことをそんなに信用してくれているのかと思いますよね？

まして、家族や生い立ちに関することだったら、言いにくいことをよく話してくれたと、心が繋がったような感覚を覚えると思います。そして自分も、秘密を打ち明けたりするものです。

雑談の下手な人は、自分の秘密は徹底して守ろうと、心に秘めておきます。

それはそれで悪いことではないのですが、真の友情を築きにくくさせてしまうかもしれません。人を頼ることをあまりしないため、自分の世界だけにこもっていきます。

雑談が上手い人は、相手に頼ることでときめきを発生させます。

例えば、音楽や映画のタイトルなどを使って相手に頼ります。

「この間、カフェで流れていた曲のタイトルがどうしても思い出せなくて……。○○さんなら知っているかも」と、目の前で口ずさんだり、「60年代の洋画が見たいのだけど、何を選んでいいのかわからなくて。何かオススメとかありますか？」など、日常の自分ではすぐに解決できそうもないことを、さらっと言ってみるのです。

すると「あー、その曲は僕も好きです。なんでしたっけ、えーっと」と考えたり、最終的にはその場でアプリをダウンロードして、鼻歌交じりでスマートフォンに入れて一緒に楽しんだりします。

洋画に関しても同じです。すぐに答えが出れば「さすが！」となるし、わからなければ雑談をしながらともに探していくことができます。

大好きな音楽や映画のタイトル探しからは、当事者同士にしかわからない独特のときめきが発生するのです。

そして極めつけは、殺し文句です。

「○○さんに出会えてよかった」

「頼れる人ができてうれしい」

「〇〇さんがいなかったら、わからないままだった」

「〇〇さんの、そういうところ大好きです」

「〇〇さんがいなかったら、困る」など。

これはもう、使う場面に関しては、あえて言うまでもありません。

それこそ先に述べた、秘密を打ち明けたときでも、思い出せない曲や映画のタイトルがわかったときでもいいでしょう。

恋愛と同じで、それまでの話の内容の流れによって、使うタイミングが自然にわかるようになると思います。

雑談上手になるワンポイント

キメのひと言を上手に使って、刺激的な言葉でドキッとさせてみましょう。会ったことが2回以上あれば大丈夫。ポイントは、さらっと言うことです。

雑談が上手な人は、

時にはたしなめることで相手を調教する

雑談の上手い人は、どんな人の前でも動じません。
雑談の下手な人は、序列意識によって動きます。

雑談の上手い人は、自分より強い立場の人を叱ります。
雑談の下手な人は、自分より弱い立場の人に怒ります。

雑談の上手い人は、心で上になります。
雑談の下手な人は、力で下になります。

なぜでしょうか。
雑談の上手い人は、「ダメ」という愛のムチで主導権を握るからです。

雑談の上手い人にとって、相手の学歴や職業、社会的地位は問題ではありません。なぜなら表面上のことよりもその人の本質的な部分、つまり人となりに敬意を抱くからです。そのため誰に対しても動じることなく、同じように会話をすることができるのです。

雑談の下手な人は、肩書きに固執する傾向があります。自分より上の立場の人の前に出ると緊張して、ゴマをすったり機嫌をとったりします。思ったことを言えないでがまんをするため、相手を軽く叱ることなどできないわけです。もちろん雑談の上手い人だって緊張することはあります。でもそれは、恐怖からの緊張ではなく、憧れや崇拝に近いドキドキするほうの緊張です。


雑談の上手い人は、時として相手を叱ります。たとえ自分より立場が上であろうと、関係ありません。

「ダメでしょ、そんな弱気になっていたら」

「働きすぎですね。ダメよ、たまには休まないと」

「そんなふうにすぐカッとなるところは直さないとダメよ」

これは効きます。

なぜなら、人は大人になればなるほど、叱られることがなくなってくるからです。

銀座のお店でこんなことがありました。


接待する席では得意先を立て、つくり笑顔で部下に話しかけ、よい雰囲気のままお帰りになる人でしたが、会社の部下だけを連れて飲みに来たときには、一気に本性が現れます。

部下が何か言うたびに、「うるさいんだよ、おまえは黙っていろ」「おまえ本当にバカだな」などと、口癖のように何度も暴言を吐きます。とても愛情があるとは思えない言い方です。

お笑いのボケとツッコミとは違うわけですから、誰が見ても不愉快になります。

部下はただ「すみません」と言うだけで、いつも下を向くばかりでした。


あるとき、部下を数人連れて来たことがありました。

案の定、仕事の話になり、暴言を吐き始めました。

「うるさい、俺の言っていることは間違っていない」「おまえの考え方は間違っている」

大きな声だけに、怒鳴ったように聞こえます。周囲のお客さまにも迷惑です。

そのとき、見かねたお店の従業員が、バシッと言ったのです。

「うるさいのは○○さんのほうですよ！　そんなふうに頭から人を非難するのはダメです。間違っているのは○○さん、あなたですよ」

一瞬シーンとなりましたが、誰もがどんなにかすっきりしたことでしょう。

「誰に口を利いているんだ、こっちは客だぞ」

部下の前でバツが悪かったのか、しばらくブツブツ言っていましたが、その日を境に、暴言を吐くことがなくなり別人のように変わっていきました。

「いやあ驚いたよ、この俺を叱る奴がいたとはね。とにかくあのときはびっくりした。でも、いつも穏やかで優しい人に言われたからこそ反省もできた。俺は間違っていたよ」

その後、このお客さまにとって叱った従業員は、かけがえのない人になりました。

面白いことに、立場が逆転。どうやら調教されてしまったようです（笑）。

そうはいっても、自分より立場が上の人を叱るのは気が引けるものです。

そこで、「叱り方を使い分ける」ことを頭に入れておけば、上手くいくと思います。

先の銀座のお客さまのように、誰が見ても「それはひどい」というような場合は、正義の愛と自信を持って「それは間違っていますよ」と、冷静に言えばいいのです。


ちょっとした弱音やグチであれば、カツを入れるような感じにするのです。

「○○さんらしくもない、デーンとかまえていればいいのですよ」

「ダメですよ、マイナス思考になっていますよ、プラスプラス！」

ベースに愛があれば、相手はきっと「叱ってくれてありがとう」と思うでしょう。

相手をたしなめることで、心で上になるのです。

雑談上手になるワンポイント

相手の肩書きや社会的立場にとらわれることなく、必要なときは調教してみましょう。

雑談が上手な人は、

偶然ではなく運命を感じさせる

雑談の上手い人は、運命をつくり出します。
雑談の下手な人は、運命を信じません。

雑談の上手い人は、磁気のように相手を引き寄せます。
雑談の下手な人は、邪気を呼び寄せがちになります。

雑談の上手い人は、心友を持っています。
雑談の下手な人は、親友で満足します。

なぜでしょうか。
雑談の上手い人は、愛のエネルギーを放出しながら自分の世界へ導くからです。

成功している人は、数えきれないほどの「愛」をもらってきています。

彼らに愛を与えた人たちもまた、自分が成功するまでの間、「愛」をもらってきています。

そうやって自然に「愛の引き継ぎ」が行われてきたのだと、私は考えています。


雑談の上手い人は、すべてに偶然はないことをわかっています。

皆さんにも思い当たるふしがあるのではないでしょうか。

ある人を思い出して「そういえば、どうしているかな」と考えていたら電話がかかってきたりメールが届いたり。旅の情報がほしいと思っていたら、数日以内にテレビの特集でやっていたなど。

そんなとき雑談の上手い人は、これは偶然でなく必然だととらえます。

雑談の下手な人は、「たまたま」ですませます。

「たまたま、電話がかかってきた」「たまたま、テレビで特集をやっていただけ」

そもそも運命というものを信じていないので、必然だという考え方をしません。

雑談の上手い人は「こうしたい」「こうなりたい」という意識の力が、必然を起こさせることをたくさん経験してきています。

不思議なもので、精神レベルが高くなると、自分に必要な人が現れてくれます。

「この人ともっと話がしたい」と思う人がいたら、それは必然の出会いです。

そんなときは、それを相手に伝えてみることです。

「きっとこのご縁は、偶然ではなくて必然ですね」と。

誰かれかまわず言うわけではないのですから、相手にその気持ちは伝わります。

もし、「何が必然? ただの偶然だよ」と言われたら、その人は雑談の下手な人です。

夢がないというか、少なくともあなたにとって、必要な人ではないということです。

雑談の上手い人は、現実を動かして運命を自らつくろうとします。

その強い意識が磁気のようなエネルギーとなって、相手を引き寄せるのです。

「○○さんとこうやって話をしているのもご縁を感じます。きっと必然ですね」
そう言われると、相手は「もしかしたら運命かも」と、思うかもしれません。

繰り返しますが、雑談の下手な人はマイナス思考です。
物事を後ろ向きにとらえてしまうため、マイナス思考同士が集まっていきます。
これもまた、偶然ではなく必然といえます。「類は友を呼ぶ」とは本当なのです。
意識を少しだけ変えられたら、プラス思考の人と話をするようにしてみてください。
きっと、明るい未来志向の話を楽しくできる必然的な出会いがあるはずです。

雑談の上手い人は、心友を持っています。
心友とは、会っていなくても、おたがいに心が通じ合っている友だちのことです。
「何があっても、私はあなたの味方です」と言えるほど理解し合える関係です。
その心友は、仕事の面でもプライベートな面でも、純粋に応援をしてくれます。
まるで家族のように、無償の愛を与えてくれるのです。

そんな心友と出会うのは、そうそうあるわけがないと思いますよね？

そんなことはありません。

誰だって最初は、初対面の雑談から始まります。そしてコミュニケーションを重ねていくことでいわゆる親友という信頼できる友人のひとりとなり、さらに年月をかけて心友になっていくのです。


そう考えると、やはり「雑談力」がどれだけ大切なのかがわかります。

雑談の上手い人は、必然を呼び起こし、自ら運命をつくり出して成功していくのです。

雑談上手になるワンポイント

偶然ではなく、必然であることを伝えて、相手に運命を感じさせましょう。

おわりに

最後まで読んでいただき、ありがとうございました。

心から感謝いたします。


毎日を気持ちよく、希望を持って過ごしていくには、人とのコミュニケーションは不可欠です。まだ言葉を発せない赤ちゃんがあやされると笑ったり、母親以外の人に抱っこされると泣きだしたりするように、大人も相手の出かたによって笑顔になったり、信頼している人に安心感を持ちます。


本書でお伝えしてきたように、信頼関係を築いていくには、人として可愛がってもらえることがポイントです。

人として可愛がってもらうためには、好きになってもらわなくてはなりません。

そして人として好きになってもらうには、雑談力が必要となるわけです。

自然法則のようなこのプロセスは、仕事の成果だけではなく、人付き合い全般に通じています。

夢や目標の実現のみならず、プライベートの充実にも繋がっていきます。

なにも多くの友だちや知り合いを増やせばいいということではありません。

成功に、出会いと友だちの数は比例しません。

実際に、雑談が上手く成功している人は、誰からも好かれ信頼されますが、友だちの数は意外と少なかったりします。

なぜなら、多くの出会いの中で、雑談力とともに人柄や人格を見抜く力も身につけてきているからです。

その代わり、最強の「心友」を持っています。

目利きをしながら辿り着いた「心友」という真の友がいれば、人生はそう悪くはありません。辛いことや悔しいことがあっても、前向きに乗り越えていけるのです。

ぜひ本書を参考に、人との出会いを大切にしながら実践していただきたいと思います。

皆さまが毎日を生き生きと過ごし、雑談力を身につけながらますます輝いていかれることを、心から願っています。

最後に、現在の自分があるのは、この世に生を受けてからの、すべての経験があったからこそだと確信しています。

今まで出会ってきたすべての人に、この場を借りて心からお礼を申し上げます。

2017年3月

森　優子

【著者紹介】

森　優子（もり・ゆうこ）

◉――コミュニケーション・アドバイザー。東京生まれ。短大卒業後、西武グループに入社。西武ライオンズのチアリーダーに従事する。結婚、離婚を経てシングルマザーになり、大手求人広告会社にて求人広告の企業営業を担当。お客さまの心をつかむ営業で、２年目には通期（年間４クオーター）を通して「売上、新規売上、新規社数」の全目標を達成した者だけに与えられる、「グランドスラム賞」をとり表彰される。さらに、グループ内における月間ＭＶＰ賞や月間売上トップ賞をたびたび獲得する。

◉――その一方で、生活のために夜は銀座のクラブホステスとして14年間働き、ナンバーワンホステスの座をキープ。銀座全体が不況にあえぐなか、安定した売上を誇りチーママ的存在として、オーナーママや後輩ホステス、お客さまからも絶大な信頼を得る。2013年、両親の介護のために惜しまれながらホステスを引退。

◉――14年間のダブルワークにおいて、大企業から中小企業、個人事業主までさまざまな業界の成功者、成功していく姿を数えきれないほど身近で観察、その数は1000人を超える。その貴重な経験で培った「人間審美眼」を生かして2015年に、従業員の印象やコミュニケーションマナーをアップさせるコンサルティング事務所「マリアージュ」を開業。お客さまの心をつかむ接客術、人心掌握術をはじめ、人生の目標を達成するための力をつけるコミュニケーション・アドバイザーとして、クライアントから絶大な支持を得ている。

著者ブログ「愛される人になるコミュニケーション」
http://ameblo.jp/mariage0716/

雑談《ざつだん》が上手《うま》い人《ひと》 下手《へた》な人《ひと》　〈検印廃止〉

2017年４月17日　第１刷発行
2018年10月15日　第６刷発行

著　者――森　優子
発行者――齊藤　龍男
発行所――株式会社かんき出版
東京都千代田区麹町4-1-4 西脇ビル　〒102-0083
電話　営業部：03(3262)8011㈹　編集部：03(3262)8012㈹
FAX　03(3234)4421　振替　00100-2-62304
http://www.kanki-pub.co.jp

印刷所――大日本印刷株式会社

ISBN978-4-7612-7251-7 C0030